JN059906

日本語脳でも大丈夫!

英語が3秒で出てくる本

澤 佐和子 [著]

稲村 徹也 [監修] ディヴット・ハント [英語監修]

すばる舎

なぜ日本人の9割は
英語がしゃべれないのか？

「しゃべれない」というより「しゃべらない」だけ

　突然、外国人から道をたずねられたら、あなたはパッと英語で答えることができますか？

　学校で英語を勉強してはきたけれど、サラッと英語で答えられるかというと、「できません……」「そもそも英語が出てきません……」という人が多いのではないでしょうか。

　日本人の9割は英語がしゃべれないと言います。その英語力は、アジアの29の国と地域の中で、下から3番目。

　こと、スピーキングに関しては最下位だとも言われています。

　中学・高校で6年間、勉強するにもかかわらず……。

　なぜでしょうか？

　文法を偏重する学校の教育方針にも問題があると言われていますが、1番の要因は、**英語をしゃべる必要がない**からでしょう。

　ご近所さんと顔を合わせ、あいさつをする時も日本語。

　コンビニへ買い物に行っても、店員さんとの会話は日本語。

　自宅のテレビをつけても、流れる音声（言語）は日本語。

　当たり前のことではありますが、こうして振り返ってみても、英語をしゃべる機会なんか、ほとんどありませんよね。

　日本に住んでいる限りは、英語が話せなくても何の不自由もなく生きていけます。だから英語をしゃべる必要性がない。

　つまり、**日本人の多くは、英語が「しゃべれない」というより、「しゃべらない」ことを選択している**のです。

大切なのは「伝えたい」「理解したい」気持ち

　逆に言えば、英語をしゃべる必要性を感じたり、しゃべる理由が見つかれば、ちょっとのレッスンを行なうだけで、誰でもしゃべることができるようになります。

　なぜなら、中学時代に英会話の基礎知識をほとんど教わっているからです。

　そして、その**英語をしゃべる必要性や理由とは、「自分の思いを伝えたい」「相手の思いを理解したい」「仲よくなりたい」という、他者とコミュニケーションを図ろうとする欲求**に他なりません。

　この欲求を高めていけば、英語が話せる人がどんどん増えるのではないかと、私は考えています。

　そういう私も、以前は英語がしゃべれない日本人の9割のうちのひとりでした。

　生まれも育ちも日本の九州・鹿児島県で、海外に住んだ経験もありませんでした。

　それでも、「海外の人達と出会って仲よくなりたい！」「英語を活かした仕事がしたい！」という気持ちを強く持ち続けていたため、毎日英語に触れるためにラジオの語学番組などを聞いていました。

　20歳を過ぎたあたりからは毎日、英語の本を音読し、映画やドラマを観て音声を聴いたり、英会話学校にも通いました。

アメリカの大統領や世界のリーダー・成功者たちのスピーチを聴いたり、短い英語の格言などに触れる機会を作ったりして、意識的に英語と親しむようにもしました。

　海外に行った時には、現地の人と積極的に会話するように心がけて、英語をしゃべる機会を意図的に増やして自信を深めるようにしました。

　おしなべて私は、日々の積み重ねで英語をマスターしていったのです。

英語を簡単にスピーディーに
マスターするメソッドがここに！

　私自身、英語をマスターする上で、自分の話したいこととは関係のない例文をずいぶんと暗記してきました。

　実際に海外の人と会話すると、その暗記した例文が使いものにならないことがたびたびあり、がっかりしました。振り返れば、ずいぶんと無意味なことに時間を費やしたものです……。

　例文１つとっても、それが使いものにならないとしたら、それこそ時間と労力の無駄遣いというもの。

　毎日やることがあって忙しい方にしてみれば、私のように英語習得に多大な時間をかけることまでできないと思います。

　そこで私は、誰もが簡単にスピーディーに英語がマスターできる方法はないものかと、長年にわたって研究。ついに、そのメソッドを編み出しました。

　それが「HAIKUメソッド」と「21文法」を活用した英語学習法です。この２つをうまく活用すれば、日本語脳のままで、英語がスッと口から出てくるようになります。

　毎日のように英語をシャワーのように浴びて、脳に英語の回路を新しく作る（英語脳を作る）必要はありません。

　私のセミナーを受講された方の中には、3日間（21時間）特訓しただけで、英語のスキルが著しく向上し、数分の自己紹介を英語でペラペラ話せるようになった人もたくさんいらっしゃいます。

　たとえば、英語で話しかけられた時、サラッと英語で答えることができたら、どんなにか素敵でしょう……！

　とにかく、「簡単にスピーディーに楽しく英語をマスターできて、使えるようになる！」そんな方法を、できるだけわかりやすくお伝えしていこうというのが、この本の1番の目的です。
　本書を読むだけで、英語への心理的ハードルが下がり、英語を口にしやすくなること間違いなしです！
　3秒あれば、英語がスッと口から出てくるようになるでしょう。

　本書では、次の流れで話を展開していきます。あらかじめ頭に入れておいていただけると理解が進むかと思いますので、ぜひ参考になさってください。

　MISSION 1では、日本語から英語に変換する方法。
　MISSION 2では、オリジナル「HAIKUメソッド」の説明。
　MISSION 3では、中学2年生までに習う「21文法」の説明。
　MISSION 4では、リスニングのコツを解説。
　巻末の付録に、間違えやすい英語の例文を、いくつか紹介しています。

英語が話せたら人生の可能性が広がる

「今さら英語なんて、もう遅いよ……」と思っているあなた。

この本を手に取ってくださったということは、英語を話せるようになりたいという気持ちはあるということですよね？

英語が話せたら、新たな外国人のお友達を作ることや、赤い糸で結ばれた運命の人と出会える可能性もあります。

ビジネスをしている人なら海外との接点が増え、飛躍・発展・成功のチャンスを世界に広げることができて、収入を上げることも十分可能になります。

英語をマスターするのに遅すぎることなんかありません。

英語はあなたの意欲次第で、どんな時でも味方になってくれる友達のような存在です。

今からでも間に合います。あなたのほうから、英語に友達申請してください。

そして、この本を手にとっていただいたあなたが、1週間後、早ければ数日後、そのお友達（英語）と仲よくなり、未来が明るい方向に開けるようになれば、私にとって望外の喜びです。

令和3年11月吉日　澤佐和子

推薦者の紹介 (順不同、敬称略)

ロバート・G. アレン

『早く英語を学びたいですか？　それなら、この本を読む必要があります。
最速で英語が学べます』

（ニューヨークタイムズ　ベストセラー著者　ロバート・G. アレン）

"Do you need to learn English fast? Then, you need to read
Speed English now! It is the fastest way to learn English."

(Robert G. Allen #1 New York Times Bestselling Author)

稲村 徹也

　ロバート・G. アレン氏、ローレン・テンプルトン氏、ディーバック・
チョプラ博士、ロッキー・リャン氏のエージェントをしている稲村徹也
です。以前、ロバート・G. アレン氏のミリオネアクラブビジネスセミ
ナーを開催した時、澤佐和子さんに通訳、翻訳をしてもらいましたが、
それまでに見てきたなかで、最も素晴らしい通訳、翻訳で感動しました。
プロフェッショナルとしての生き様を体感しました。

　彼女の書籍は本物です。ぜひ、手に取っていただければ幸いです。

（ベストセラー作家　稲村 徹也）

岩上 賢二

　佐和子さんは、私の人生の中で最も影響を受けた人物のひとりです。
私のメンターでもある全米 NO.1 ミリオネアメーカーのロバート・G. ア
レン氏を初めとした権威者、著名人の同時通訳では、瞬時にとてもわか
りやすく解説されます。それは聞く側にとって感動を与えてくれるもの
です。何よりもその人柄のよさに、周囲は引き込まれていきます。

　この素晴らしき著書は、世界の権威者の通訳やエージェント体験から
得たことを、これから世界を目指す若者や日本人に向けて記した彼女か
らのプレゼントであり、夢を叶えるバイブル本となることでしょう。

（起業家・教育者・投資家　岩上 賢二）

北浜 裕珠

　佐和子さんと最初に出会ったのは、ロバート・G. アレン氏のミリオネ
アクラブビジネスセミナーでした。シンガポール発着の豪華客船クルー

ズで通訳をご一緒させていただき、佐和子さんのプロ通訳としての実力はもちろんのこと、周りを優しく包み込む温かいお人柄に魅了されました。英語で繋がる喜びを誰よりも知っている佐和子さんだからこそシェアできるエッセンスを、ぜひ習得していただきたいです。

（シンガポール在住同時通訳・グローバルリーダーシップコーチ　北浜 裕珠）

岡崎 かつひろ

多くの人が、英語がしゃべれたら人生が変わると思っているのではないでしょうか？

私たちは義務教育だけでなく、大学生まで英語の勉強を続けています。しかし多くの人は英語をしゃべることができません。なぜできないのか？その理由をこの書籍の中では的確に指摘しています。それは、「日本人の多くは、英語が「しゃべれない」というより、「しゃべらない」ことを選択している」ということ。つまり、誰でも能力は十分にある。誰でも英語を身につけ話すことができるわけです。

この書籍を読むと、「自分にも英語をしゃべることができる」と自信を持つことができ、実践的に学ぶことができるでしょう。

ぜひ英語を身につけ、人生の可能性を広げてみてください。

（作家・講演家　岡崎 かつひろ）

甲斐 康嗣

澤さんは、苦難という荒波を乗り越える術がある人物です。

印象的なエピソードとしては、ロバート・G. アレン氏のシンガポール発着の 3,000 人も収容する豪華客船クルーズのセミナーで通訳してくださったことです。

人生は、ある意味、旅です。彼女は船旅のナビゲーターにふさわしい通訳であり、英語を身近にするために、日々尽力されています。まさに、"For Better Life, For Better Work" を体現できる人物です。

（ピグマリオン効果を重視する社会保険労務士　甲斐 康嗣）

晴山 陽一

澤さんが、こんなに真摯な問題意識を持ち、こんなに具体的で周到な解決法を用意していらっしゃることに、改めて驚いています。

この本は、どんなに英語ができない人にも、そっと寄り添って親身に

語りかけてくれる、そして優しくポンと背中を押してくれる、そんな本です。

（英語教育研究家 150 冊以上の英語本の著者　晴山陽一）

日野 秀彦

　澤佐和子さんは、1 万人が参加したロバート・G. アレン氏のミリオネアクラブビジネスセミナーや多くの著名人の同時通訳を行い、多くの方々から、わかりやすさとレベルの高さにおいて高い評価を受けている方です。

　英語会話において、日本語で蓄積された中枢神経のせいなのか、語学教育のためなのか、日本語が飛び出して逐語訳になってしまい、この言葉づかいでよいのか、伝わっているのか自信が持てず挫折する方も多いかと思います。

　しかし、佐和子さんは、まず相手の気持ちになってくださるマインドをお持ちの方で、「日本語から考えても大丈夫ですよ」と仰っています。

　この本は、そういった方々にとっては、人生を変えてくれる 1 冊なるのではないかと思います。

（背骨と神経の異常伝導を整えるプログラム　背骨コンディショニング創始者
ベストセラー作家　日野 秀彦）

鳥光 宏

　I can do it！「ポジティブなセルフトークで気持ちを前向きに！」。

　これは本書の中に出て来る澤女史からの提案です。

　本書を読みながらこの一文に出逢った時、なるほど「あなたは英語がしゃべれないのではありませんよ。しゃべらないだけですよ」と訴えている著者の思いが、具体的に見えてきた気がしました。ポジティブシンキング、いわゆるプラス思考という言葉がありますが、それを日常生活の中で英語力に落とし込んでみようという発想なわけです。

　まずは、本書に書かれている短くて口ずさみやすいポジティブなセルフトークを何度も口にしてみる。

　はい！　これであなたも『英語が 3 秒で出てくる本』の魔法にかかりはじめることでしょう。

　「楽しく読みながら英語力を磨く」画期的な本書を、私はお薦めします。

（『第 63 回千葉文学賞・小説大賞受賞』作家・講師・教育家　鳥光 宏）

福守 博子

佐和子さんとは、ロバート・G. アレン氏のビジネス合宿で同室でした。

可愛い品のある良家の奥様という印象から始まりました。そんな佐和子さんが、シンガポールでは別人に。ロバート・G. アレン氏の通訳や英語の商談になると、私の知らない佐和子さんが、ペラペラペラペラ……それは生き生きと、それも難しい商談をウインウインにまとめていきます。今までの印象から一変し、バリバリのビジネスウーマンが現れました。そんな彼女から、「英語は、本当の私にさせてくれるの」とポソッと……。こんな日本人見た事ない！

佐和子さんの自己表現ツールは英語だったと理解できたら、この本はワクワクします。貴方も、佐和子さんの英語で別人格を発見できるでしょう。楽しんでください。（セントポール国際大学　スピリチュアルヒーリング博士　意識の発展プログラムリーダー　福守 博子）

濱田 真由美

私は30年間、英語教育に関わり、色々な英語学習メソッドも試してきましたが、本書は「英語を話すのは難しい」という心理的ブロックを取り外してくれる素晴らしい良書です。

英語を話せるようになりたくて、これまで色々な方法をやってみたけど、うまくいかなかった方、途中で挫折してしまった方、英語は苦手だけど、最速で英語を話せるようになりたい方に、ぜひ手にとっていただきたい本です。

著者が提案する、簡単で効果がすぐに出るオリジナルメソッドなら「私にもできる！」ときっと思っていただけると思います。

（流通科学大学准教授・著者・翻訳者　濱田 真由美）

谷川 育子

『英語が話せたら人生の可能性が広がる』と佐和子さんが本書で言われていますが、英語は本当に、私の世界を大きく広げてくれました。

国境を超えて相談できる友人が世界中にいることは、とても心強いことです。そして、英語を使えるようになったことで、日本では思いつかなかったようなビジネスを立ち上げたり、世界各国のレシピを見て料理を作れたり、国際結婚をして可愛い娘にめぐり会えたり、海外で学んだヨガや健康的な食生活のおかげで、心身ともに健やかに過ごせたり……。

　沢山の素晴らしい出来事が私の周りに溢れているのは、英語の先にある扉を開くことができたから。

　もしも、あなたが「間違えたら恥ずかしいから」と英語を話すことを躊躇していたとしたら、この本を読んでみることをオススメします。きっと、あなたが見える世界が大きく広がり、毎日がもっとワクワクしたものになるでしょう！

　本書の「ポジティブなセルフトークで気持ちを前向きに」という項目が、私のお気に入りです。困難だと思うことに遭遇した時に、「I can do it.」と呟くと、脳ができる理由を探してくれるから不思議です。ポジティブトークで英語への苦手意識をなくす、というアイディアはとても素晴らしいので、みなさんぜひ実践してみてくださいね！

（サーカスアーティスト・ヨガ講師　谷川 育子）

七海 文重

　義務教育の過程から長く英語を学ぶ機会がありながら、なぜ日本人が英語を話せないのか、その解決法がここにありました。

　「話せない」のではなく「話さない」日本人特有の気質もあるのでしょうが、それをポジティブなセルフトークでマインドを変えながら学習していくスタイルは目から鱗でした。

　AI の進化とともに、「翻訳機能がついたスマホさえあれば語学ができなくても大丈夫」という風潮になりつつあった中でのコロナ騒動。国内外問わず、簡単にオンラインで繋がることが増え、「言葉」を介して人と繋がり、「話すこと」で深く理解し合える喜びを多くの人が感じたはずです。同時に、英語をもっと勉強しておけばよかったと後悔した人は、ぜひ本書を手に取ってください。

　英語の苦手意識をなくし、楽しみながら学習に取り組める本書は、まさに今求められている 1 冊です。

（パーミッションセラピー協会代表・著者　七海 文重）

山田 ヒロミ

　海外旅行が好きで、英語を話す旅行客が多く訪れる京都在住の私は、長い間身振り手振りのノンバーバルコミュニケーションで会話してきました。道を聞いたり案内するだけならいいのですが、それ以上のことを話すと相手に通じません。この本で、俳句や短歌のように詳細を削ぎ落

として話せばいいとわかり、大納得です。文化の違いで、英語に堪能な人でさえ日本語の表現の微妙なニュアンスを伝えるのは難しいのに、話せない私がそれをやろうとしていました。「日本語特有のまったりしたところを、まずはバッサリ削除して話すことから始めたらいいんだ！」と気づかせていただきました。ありがとうございます。感謝！

（一般社団法人スペースクリエイト協会代表理事・作家　山田 ヒロミ）

佐田 展隆

　澤佐和子さんの書籍は、英語を話せなかった人に勇気をもたらす書籍となりますので、ぜひ、この書籍を読んで、海外でのビジネスや、海外旅行や、東京オリンピック後で観光が栄えますので、書籍を片手に、英語を話すことに楽しみを持っていただきたいと思います。この機会に、英語を学び話すなら、新メソッドを実践してみてください。

（株式会社オーダースーツ SADA 代表取締役　佐田 展隆）

中谷 昌文

　『英語が３秒で出てくる本』は、これからの英語習得において革命を起こすことになる予感がします。ぜひ、子ども達から高齢者まで読んでマスターしてもらいたいです！！

（国際ビジネス大学校　理事長　社会貢献活動家　『なかよし先生』こと中谷 昌文）

CONTENTS

MISSION 1
スッと英語が出てくる「日本語→英語」変換スキル

MISSION 2

世界初！
オリジナル「HAIKUメソッド」

MISSION 3

「21のルール」で
英文法はほぼマスター

COLUMN

覚えておくと使えるフレーズ

MISSION
4

リスニング力が加速度的に
上達するちょっとしたコツ

付録　間違えやすい英語

スッと英語が出てくる 「日本語→英語」 変換スキル

日本語脳のままでも大丈夫。
本章では、日本語から英語に変換するテクニックを
紹介します。このスキルを習得すれば、ものの3秒で
英語がパッと口から出てくるようになるでしょう。

最初はうまく話せなくて当たり前

聴き取りにくい英語でもちゃんと伝わる

突然ですが、「シングリッシュ」という言葉をご存知でしょうか？

シングリッシュとは、シンガポールの国民が日頃話している訛りのある英語をいうのですが、その訛りがネックになって、英語を流暢に話せている人でも、話す英語をきちんと聴き取ってもらえないことがしばしば起こります。

ところが、そんなシングリッシュを用いる人とでも、話しているうちに、いつの間にか普通の会話に進展していきます。

なぜだかわかりますか？

それは、人と人の会話のほとんどが、ノンバーバル・コミュニケーションで成り立っているからです。話の文脈が20パーセントでもいいので理解できれば、身振り手振り、アイコンタクトなどの言語以外の情報で、80パーセントはカバーできると言います。

ところが、日本人の多くは「私は英語の発音が悪い」「うまくしゃべれない」「言い間違いが怖い」という理由から、話す時におどおどしてしまいます。

　実はこれ、日本人の特質がそうさせています。日本人は多くが同じような見た目で、単一言語。基本的に日本語しかしゃべらないから、つい正しくしゃべろうという気持ちになってしまうのです。

　この固定概念を打ち破るには、赤ちゃんに戻ってしまうのが1番！　私たち日本人にとって英語を口にするというのは赤ちゃんのお遊びのようなもの。「赤ちゃんのお遊び」だと思ったら間違いなんて誰も気にしません。言い間違えても直されたりされません。
　これと同じような感覚で、**「うまくしゃべれなくて当然」「言い間違いが当たり前」程度に思ってほしい**のです。

初めのうちは赤ちゃん言葉でいい

　誰だって生まれてからすぐには話せません。大人のようにペラペラしゃべる赤ちゃんなんていませんよね？
　最初は「わんわん」「まんま」「ブーブー」のような一語文から始まります。いわゆる赤ちゃん言葉です。ですから当然、言い間違いも多く、それを大人に指摘され直していくのは、だいたい保育園や幼稚園に入る3歳〜5歳ころです。
　生まれた時から話す母国語がそうだとしたら、英語がからきしダメな人はなおさらのこと。最初は赤ちゃん言葉と同じように、単語から片言で始めていけばいいと私は考えています。恥も外聞も捨て、赤ちゃんになったつもりで言葉を吸収していけばいいのです。

　ただ、赤ちゃんと決定的に違うのは、もうすでにペラペラと日本語が話せるということ。だとしたら、あとはその**日本語を英語に変換していけばいいだけ**なのです。

思いや言いたいことが 相手に伝わればOK！

「正しくしゃべらなければ…」と思いすぎ

　海外旅行経験のある人でしたらご存知かと思いますが、海外旅行のスタイルには2つのパターンがあります。1つは旅行会社が主宰するパックツアー。もう1つは個人旅行です。

　パックツアーには添乗員が同行してくれたり、現地係員が観光地を案内してくれるなどのメリットがありますが、集団で行動しなければならないため、自由度が低いというデメリットがあります。
　いっぽうの個人旅行は、航空券からホテルの手配まで全部自分で行なわなければなりませんが、自由度が高く、好きな航空会社やホテルが選べたり、好きな時に好きな場所に行け、好きなものが食べられるというメリットがあります。

　私は個人旅行をおすすめしているのですが、「英語がしゃべれないから……」という理由でパックツアーを選ぶ人が少なくありません。そういう人に、私は決まって、こう言うようにしています。
　「あなたは英語がしゃべれないのではありませんよ。**しゃべらないだけ**ですよ」

　私たちは中学校や高校で、長年にわたり英語の勉強をしてきました。その範囲内であれば、おおよそのことは話せるはずです。

　マイネーム・イズ・○○と自分の名前は話すことができますし、ホワッツ・ユア・ネイム？　と相手の名前をたずねることもできますよね。ハウ・アー・ユー？　などと簡単な会話はできると思います。

　にもかかわらず、なぜ英語がしゃべれないと思うのかと言うと、「正しくしゃべらないといけない」「相手に伝わらなかったらどうしよう」という意識が根底にあるからです。

あなたが話す英語も"訛りの１つ"

　でも、この章の冒頭でお話しした「シングリッシュ」がそうであるように、英語は国や地域によって訛りや特徴があり、それぞれのネイティヴスピーカーの英語はまったく違って聞こえます。

　しかし、それも文化の１つ。そう、日本人のあなたのしゃべる英語も、訛りの１つと思えばいいのです！

　要は、**自分の思いや言いたいことがどうにか相手に伝わればいい**のです。水が飲みたい時は「この人は水が飲みたいんだな」ということが、トイレに行きたい時は「この人はトイレに行きたいんだな」ということが、相手にわかればそれでいいのです。

　そう考えられれば、ハードルがグンと下がりませんか？

　ともかく、そうやって少しでも会話が通じたら、自信がつきます。英語で会話することの面白さがわかってきます。

　それには、とにかく英語をしゃべる機会を作るのが得策。機会をどう作ればいいのかについては、MISSION 4で後述します。

言いたいことは、
まず日本語で考える

英語に変換しやすい日本語のセリフを作る

「初めから上手に英語を話せる人はいない」

「言い間違えてもいいから自分の思いをどうにか伝えられたらそれでいい」

この2点が納得できたら、次はいよいよ英語をマスターしていく番ですが、いきなり英語を話そうとするのは早計というもの。

まず前段階として、英語に変換しやすい日本語のセリフを作ることから始めていきましょう。

「自分の思いや言いたいことを伝えたい時、日本語だったらどう言うかな？　この日本語のセリフは英語でも言えるかな？」ということに意識を向けてみてください。

定番の挨拶言葉などは、英語でそのまま表現してもいいでしょうが、その時々の思いや言いたいことを表現する時は、**まず母国語である日本語で何と言うのかを明確にしておいたほうが、ほとんどの人には話しやすい**のです。

俯瞰して実況中継する視点が役に立つ

とは言っても、難しく考える必要はありません。

　今、自分の目の前には、どんな風景が広がっているか？
　今、自分は何を感じているか？
　今、誰と一緒にいて、どんな気持ちでいるか？……

　こうしたことを**日本語で人に伝える練習からスタート**すればいいのです。

　たとえば今、私は自宅でパソコンのキーボードをカタカタと打ち込みながらこの原稿を書いています。
　伝えたいことがあるのに、文章でうまく表現できないことに少し焦りを感じています。
　家族がお湯を沸かしている音が聴こえます。その音を聴いたら、お茶を飲んで、いったんリラックスしたほうがいいかもしれないと思えてきました……。

　日本語のセリフを作る時は、このように自分を取り巻く状況や自分の気持ちを、もうひとりの自分が見ているように観察することが大切です。
　これは日本語（セリフ）を英語に変換する時に、とても役に立ちます。
　なぜなら、英語は日本語よりも、外側から俯瞰して自分を取り巻く状況や自分の気持ちを表すことが多いからです。

英語で言いたいことは、日本語のセリフから作る。
まずは、ここからです。
そのあと、その日本語のセリフを英語に変換すればいいのです。

　今、自分が感じていることを、日本語で口にしてみることから始めてみましょう。

「日本語→英語」変換の 3ステップ

日本語は世界一難しい言語の1つ

英語は、AからZまでの26種類のアルファベットからなり、それぞれに大文字と小文字があるだけです。

これに対し、日本語はひらがな、カタカナ、そして漢字の3種類をうまく使いこなさなければなりません。

なかでも、中国から入ってきた漢字の量は、とても膨大。子どもの頃から習っていても、たぶん一生かかっても全部の漢字を覚えきることはできないと思います。

海外の友人に言わせれば、漢字はもはや「絵」だそうです。

また、日本語には英語にはない多種多様な言い回しがあります。

たとえば一人称。自分のことを言い表す場合、英語は I だけですが、日本語はどうでしょう。

私（ワタシ、ワタクシ）、僕、俺、ウチ、自分等々さまざまで、男性と女性とでも違う言い方をしたりします。

二人称の You も同じで、相手のことを言い表す時、あなた、きみ、おたく、貴様、おまえ……と、これまたたくさんあります。

そうしたこともあって、「日本語は世界一難しい言語」だという海外の人もいます。

ともかく、そんな難しい言語を、日本人のあなたは完璧にマスターして、流暢にしゃべったり書いたりしているのです。

　なので、自信を持って、堂々と英語も話しましょう！

　そのことを忘れないでくださいね。

日本語を英語に変換するプロセス

　日本語には、よく知られている欠点もいくつかあります。英語と違って表現がとても豊かにできる反面、あいまいな言い回しが多く、情緒的なところが、その１つです。

　また、文化的な背景を話し手同士が共有していることが多く、**互いに察し合う、空気を読んでのコミュニケーションが多い**ことも外国の方には不評です。

　そのため、同じニュアンスを英語で伝えようとすると、背景にある文化の説明なしでは意味が伝わらないことがあり、説明しようとすればするほど、長々とした表現になってしまうことがあります。

　そこで、少々遠回りですが、次の３ステップで日本語を英語に変換していくクセをつけてください。このプロセスを踏まえれば、言いたいことを英語で表現するための基本ができあがりです。

> ①……日本語で言いたいことを考える（書き出しても可）
> ②……①を、簡単でシンプルな日本語に置き換える
> 　　　（英語に変換しやすいように、あいまい部分を排除する）
> ③……②を英語に変換

まずは日本語をダイエットすることから

　さて、バラエティに富んだ表現を伝える母語・日本語に比べると、私たちが使える英語の「語彙」はどうしても限られています。

　しかし、私はそれで構わないと思っています。

　英語でコミュニケーションをしたいのであれば、そんなに大層な表現力は不要です。限られた語彙でも大丈夫なくらいに、伝えたい日本語のほうをできるだけ短くするようにしましょう。

　事前に、伝えたい日本語の8割か9割は削ぎ落して、捨ててしまうのです。「日本語のダイエット」「日本語のスリム化」です。

　そのうえで、その単純な日本語を英語にします。

　「えっ、そんなことしていいの？」と思うかもしれませんが、英語にはシンプルながらも、印象的に、時に力強く表現できる特徴があるので、シンプルな短文こそがうってつけなのです。

　要は、1番伝えたいことが伝わればいいのです。

　まさに **"Simple is the best."** です。

　日本語で言いたいことを考えるのに1秒。

　日本語をスリム化するのに1秒。

　スリム化した日本語を英語に変換するのに1秒。

　この3ステップを踏んでいくうちに、だいたい3秒ほどあれば、英語がスッと口から出てくるようになります。

「セルフトーク」で思いを言葉にする練習を

「セルフトーク」とは何？

あなたは日本語で、自分の思いや言いたいことを、うまく伝えられているでしょうか？　日本人には自分の思いや意見を人に伝えることが苦手な人が多いようです。

そのため、**自分の気持ちを短い言葉で表現する「セルフトーク（自己会話）」という練習方法を実践すると、英語で話すための日本語のセリフを作りやすくなります。**

「セルフトーク」とは、自分に対してかける言葉のこと。

たとえば、「よし！　頑張るぞ〜」「なんかめんどくさいな〜」「今日はいい日だ！」「最悪だ……」などの言葉です。

「心の口ぐせ」とも言われ、あなたのセルフイメージ、つまり自分自身が思い描く自らのイメージに大きく影響を与えます。

ポジティブな言葉を発していると前向きになりますし、ネガティブな言葉を発していると後ろ向きになりますよね。

自分自身とコミュニケーションをとるのにも最適な方法ですので、まずは「セルフトーク」で、自分の思いを言葉で表現する練習をしてみましょう。

ポジティブなセルフトークで気持ちを前向きに

　「セルフトーク」を行なって、自分自身とのコミュニケーションがうまくとれるようになれば、それが自信となって、他人ともコミュニケーションをとりやすくなる、というメリットもあります。

　あなたは日々、どんな言葉を自分に投げかけていますか？
「自分にはできない……」「毎日がつまらない……」
　そんなネガティブな言葉ばかりを口にしていないでしょうか？

　「人生とはセルフトークである」──。
　これは私のメンターであり、本書の監修者でもある稲村徹也さんから教わった言葉です。
　「私たちが普段口にする言葉と、感情（思い）は強く結びついていて、日頃どんなセルフトークを口にするかで、その人の人生が決まってしまう」という意味です。

　そんな稲村さんのセルフトークは「前進、前進、前進」「○○ができたら、どんなに楽しいだろう」「今、起きていることには意味がある」「人生は一度きり。悔いなく生きよう」等々、ポジティブなフレーズのオンパレード。いつもやる気・活気・元気に満ちています。

　「できる！　大丈夫」「私はとても幸せ」など、ポジティブなセルフトークであれば、自分自身の気持ちが前向きになりますし、同時に他人の気持ちを明るくすることもできます。
　さらに、それを英語で表現できたら、どうなるか？
　同様の効果をもたらすことができるのは、言うまでもありません。

ポジティブ英語を口にして気分をアゲる

セルフトークの英語変換に挑戦!

　思いや言いたいことを英語で表現する時は、前段階として簡単でシンプルな日本語に置き換えることが大切で、そのためにはセルフトークがものすごく役に立つということを先にお伝えしました。

　この日本語のセルフトークは短いフレーズなので、英語にも変換しやすいです。
　そこで、日本語のセルフトークの英語変換に挑戦してみましょう。口にする内容は、やはり自分を勇気づけたり、励ましたりして、元気が出るものがおすすめです。

　たとえば、気分が落ち込んだ時には、
元気を出して! 世界の終わりじゃない。
Cheer up! It's not the end of the world.

　あせりを感じた時には、
落ち着いて。あなたは大丈夫。
Calm down. You'll be all right.

あなたもまずは、こうしたポジティブな日本語のセルフトークを、英語に変換して自分ひとりでしゃべってみてください。

ポジティブトークで英語への苦手意識を払拭する

なお、もし「私にはできない」といったネガティブのセルフトークが多いならば、初めのうちはウソでもいいので、

私はできる→　**I can do it.**

という正反対のフレーズを口にしてみることを意識しましょう。

「毎日がつまらない」を口ぐせにしてしまっている人なら、同様に、

毎日が楽しい→　**I have fun everyday.**

というフレーズを口にするといいでしょう。

大切なのは、意識的に口にすること。

　初めのうちは戸惑ったり、ちょっと変な感覚に陥ることがあるかもしれません。

　しかし慣れてくれば、最初に日本語で考えなくても、無意識に **"I can do it."** や **"I have fun everyday."** といったフレーズが、英語のまま口からポンポン飛び出るようになります。

　そうなればしめたもの。あなたはすでに、英語がしゃべれる人に変身したことになります。

　そして、日本語を意識せずとも、英語で話せるセルフトークのフレーズを少しずつ増やしていけば、英語に対する苦手意識がなくなるのはもちろん、それらの言葉が心と同化していくため、英語に対する親しみさえ覚えるようになるでしょう。

　さらに言えば、言葉と感情（思い）は強く結びついているため、ポジティブな言葉を発していると気分が上がり、本当に「私はできる」「毎日が楽しい」と思えるようになります。

　まさに一石二鳥ですね！

セルフトークを英語でどんどん口に出してみよう

　ポジティブなセルフトークを、いくつか紹介しておきます。どれも中学校レベルの単語や文法なので、すぐに理解できるはずです。

　理解が難しいという人も、とにかくセルフトークを口に出すことで、英語への苦手意識が軽減できるということを念頭に入れて、積極的に英語を話してみてください。

何もかもすべて大丈夫→ **Everything is all right.**

すべて大丈夫→ **All is well.**

私たちは大丈夫→ **We are fine.**

私はできる！→ **I can do it!**

私たちはできる！→ **We can do it!**

大丈夫→ **It's OK.**

心配するな→ **Don't worry.**

笑えばいい→ **Smile is the answer.**

ただ笑って→ **Just smile.**

私たちはいつでも笑える→ **We can always smile.**

私は安全です→ **I am safe.**

私たちは安全です→ **We are safe.**

私は幸せです→ **I am happy.**

私たちは幸せです→ **We are happy.**

私はとても幸せです→ **I'm so happy.**

私は豊かです→ **I am rich.**

私たちは豊かです→ **We are rich.**

英語を楽しもう→ **Let's enjoy English.**

世界初！
オリジナル
「HAIKUメソッド」

自分の言いたいことや伝えたいことを、俳句のように
短くてリズムの感じられる日本語で表現してみましょう。
簡単でシンプルな日本語ならば、なんでもOK!
あとは、それを英語に変換するだけです。

言葉や時代が違っても、感性や世界観は共有できる

松尾芭蕉の俳句が教えてくれたこと

前章では、日本語から英語に変換する３ステップや、ポジティブなセルフトークの大切さについてお話ししました。

本章では、私が考案したオリジナルの「HAIKUメソッド」をご紹介します。前章で述べたセルフトークの英訳を、さらに発展させたステップになります。

突然ですが、あなたは今まで俳句を詠んだことがありますか？

俳句は、日本特有の定型詩。五・七・五の限られた文字数で情景や心情を表現する方法です。ふと思ったこと感じたことを、表現豊かな日本語を使って、文字数少なくシンプルにまとめるのは、セルフトークの発想に近いものがあります。

ある俳句との出合いが、私にとっての日本語と英語をつないでくれた話をご紹介します。

今から15年ほど前、あるワークショップに参加したことがありました。その時のワークは、江戸時代の俳人・松尾芭蕉（1644〜1694）の有名な俳句「古池や蛙飛び込む水の音」を英訳するというものでした。私もさっそくチャレンジし次のように訳してみました。

古池や ·············▶ **The old pond**（古い池）

水の音 ·············▶ **I heard the sound**（音が聴こえた）

蛙飛び込む ·······▶ **Frogs jumping into the water**
（蛙が水に飛び込む）

　この時、改めて痛感したことがあります。それは、日本語は主語を省略しても許される言葉であるということです。

　もう一度、私の英訳文をご覧ください。

I heard the soundの**I**は主語。

　これに対し、元々の俳句には"私（芭蕉）"という主語がありません。

　そう。**日本語では主語が省略される**ことが多いのですが、**英語では主語をはっきりさせなければならない**ことが多い。

　ここが英語と日本語の大きな違いの１つでもあるのです。

ちなみに、この時のワークショップの参加者は、私を含めちょうど10人でした。

　全員が同じ課題に取り組みましたが、みんな英訳が違っていました。**日本語を英語に訳すのに、正解はない**のです。

英語だから理解できないと思う必要はない

　それから10年ほど経った2014年、私はイギリスの湖水地方を旅しました。その旅の中で、イギリスの有名な詩人ウィリアム・ワーズワース（1770〜1850）の生家の近くにあるミュージアムを訪れた時、ちょうど「松尾芭蕉とワーズワース展」というイベントが開催されていて、「古池や蛙飛び込む水の音」というあの俳句も、パネルで展示されていました。

　「イギリスで芭蕉の俳句に出合うなんて、思ってもみなかった！」顔がほころんだ私に、一緒に来ていた外国人の知人から「これを日本語で声に出して読んでほしい」という要望があり、私は呪文を唱えるかのように、「古池や蛙飛び込む水の音」と何度も複唱しました。

　この時、「日本語の響きって、なんて素敵なんだろう」ということを痛感。幾度となく感慨にふけったものです。

　知人も、その響きや清涼感を深く味わっていました。

　松尾芭蕉とウィリアム・ワーズワース。

　ふたりは日本とイギリスと生まれた国も違えば、生きていた時代も100年以上離れています。書いた詩のスタイルも違います。

　けれども、ふたりとも自然の中を歩き回り、詩を詠んだという点においては共通点があります。

　「言葉や時代が違っても、人間の感性や世界観は共有できる」。

　この経験から「日本語と英語がかけ離れた言語だからと言って、わからないと思う必要はない。思ったことや伝えたいことを自由に表現すれば、わかり合える部分はたくさんある」ということを私はますます確信したのです。

　日本語と英語はまったく別の言語です。そもそも「日本語訳＝英語原文」と、イコールでつなごうとすることに無理があると私は考えています。なので、**本当に覚えるべきは英語のニュアンス**だと思います。

自分らしく日本人ならではの英語表現を

　前章で「セルフトーク」をポジティブにすると気分が前向きになるお話をしましたが、日頃からポジティブな短いフレーズのセルフトークを口ぐせにしていた私は、ある時、自分の言いたいことを俳句のように短い日本語で表現したあと、日本語を英語に変換するHAIKUメソッドを思いつきました。

　もしあなたの英語のゴールが、ネイティブスピーカーのように流暢に話すことなら、この本は向いていないかもしれません。
　しかし、本当に自分の意見を表現したいなら、どんな言語を話していても、相手に自分らしくユニークに伝えたいと思いませんか？
　お手本のような英語らしい表現にとらわれず、日本人ならではの英語表現を創造しようという心意気も大切だと思うのです。
　日本語に根ざさない表現は、思考までどこか借り物になってしまう印象があります。最初から英語を話そうと思わずに、まずは日本語に軸足を置くことで、自分の言葉を日本語で考えてから話すようにしてみましょう。

「HAIKUメソッド」で セルフトークを英語に変換

セルフトークを英語に変換するコツ

では、セルフトークを俳句のようにシンプルに表現するためには、具体的にどうすればいいのでしょう?

結論から言ってしまうと、まず**日本語を口にした時、リズミカルな響きがある**こと。この1点さえクリアすればOKです。

たとえば、先程の芭蕉の句「古池や 蛙飛び込む 水の音」や、正岡子規の有名な句「柿くへば 鐘が鳴るなり 法隆寺」を、試しに口ずさんでみてください。

どうです? リズムを感じますよね?

同じような要領で、リズムを感じるセルフトークを自分なりに作っていただきたいのです。

その際、五・七・五にこだわる必要はありません。あくまでセルフトークなので、自分なりにリズムが感じ取れるシンプルな日本語ならば何でもありで、あとからそれを英語にすればいいのです。

参考までに、セルフトークを英語にするサンプルを紹介しておきます。多少の字余りや字足らずは、無視しても大丈夫です。

前を向き / 今日も元気で / 生きていく

Look forward, cheer up and go.

何もかも / やること全て / うまくいく

Everything goes well.

私は / できる / 大丈夫

I can do it. It's OK.

今日1日は / 素晴らしい日に / なりますよ

It is going to be a great day.

どうしたら / もっとよく / なりますか?

How can I make things better?

リズムを感じながらトークを楽しむ

ところで、ここまでお読みくださった人の中には「俳句、俳句と言うが、季語が入っていないじゃないか」と思う人もいるかもしれません。

確かに、季語が入っていないので、厳密に言うと川柳になります。

ただ、**HAIKU**と違い、川柳は**SATIRICAL HAIKU**(風刺俳句)とされていて、川柳は俳句の1ジャンルとしてみなされています。

また、川柳には風刺やユーモアが含まれていないといけないイメージもあります。

しかし、本章では正しい俳句や川柳を作ることが目的ではありません。

あくまで余計なことを削ぎ落とし、「言いたいことをシンプルに表した日本語を頭の中でイメージしてから、それを英語に変換する」ことの大切さを強調したいので、俳句か川柳かにはこだわらず、**HAIKU**（俳句）というキーワードを用いています。

　ともかく、こういうリズムが感じ取れるポジティブな言葉、セルフトークを、楽しみながらたくさん作っていただきたいのです。

　そう。"楽しみながら"というところがミソで、**「おっ、このリズム、いいかもしれない」という気持ちになればしめたもの。**
　次々と、あなただけの、あなたならではのセルフトークが思い浮かんでくるに違いありません。
　そうしたら、それらを英語にしていくだけです。

　「セルフトークを英語にするのは大変そう……」と思うかもしれませんが、次のMISSION 3で、中学で習った基本的な21の英文法についてお伝えするので、ここでおさらいすれば大丈夫！　容易に英語変換できるようになります。希望を持って楽しみながら実践してみてくださいね。

　ちなみに、haikuは日本語からの借用語として、『オックスフォード英語辞典』に1899年に収録されたと言います（寺澤盾・著『英語の歴史』中央公論新社、より）。
　欧米からは"water""music""car"といった多くの外来語が日本に入ってきていますが、その逆もあるわけです。

自己紹介は
できる限り短く

「HAIKUメソッド」で自己紹介してみよう

　セルフトークが英語でできるようになったら、今度は少しずつ、自分に関することも英語で伝えられるようにしていきましょう。

　その際、注意していただきたいのは、**外国人に自己紹介する時、日本語の感覚で長々と話そうとすると、英語では伝わりにくくなってしまう**ということです。

　ここでも「**HAIKU**メソッド」で言いたいことをシンプルに表現する方法が役立ちます。

　こう言うと「英語で自己紹介をするのに、わざわざ俳句を詠むの?」と、ちょっと戸惑ってしまうかもしれませんが、心配はいりません。

　前述したように、ここでは俳句のようにシンプルにまとめた日本語をあえて**HAIKU**と呼んでいるだけなので、五・七・五にこだわらなくても、全然大丈夫です。

日本語の文章を短く切り離すことから

　それでは自己紹介の仕方を例にとって説明をしていきましょう。
　たとえば、山田学さんという人が、英語で次のような自己紹介をすることを望んでいたとします。

　「こんにちは、山田学と申します」
　「東京で生まれ育ち、10年前から父親の跡を継いで印刷会社をやっています。昨年、創業30周年を迎えることができました」
　「父親は仕事を引退して、毎日のように好きな釣りを楽しんでいます。私はどちらかと言うと仕事人間で、毎日早起きして、さわやかな空気を感じながら仕事をしています」
　「プライベートのほうは、子どもの頃から音楽が大好きなので、暇さえあればギターを弾いています。ギターを弾くことはボクの1番の趣味で、ギターを10本持っています」

　さて、あなたが山田学さんだとしたら、これをどう英語に訳しますか？　一度に英語にするのは大変で、気が遠くなりそうですね。

　「えーと、自分の名前を言う時は、**"My Name is……."** でよかったんだよな。『10年前から父親の跡を継いで、印刷会社を経営している』は何と表現すればいいんだ？　頭が混乱してきた……」なんていうことになりかねません。

　そこで、まず行なってほしいのは、「1つひとつのセンテンスを短く切り離していく」こと。その際、「ニュアンスは捨て、直訳しない」こと。この2つがポイントになります。

たとえば、次のようにです。

□ こんにちは。
□ 私の名前はヤマダマナブです。
□ 東京出身です。
□ 印刷会社を経営しています。
□ 父がこのビジネスを始めました。
□ 30年前のことです。
□ 10年前にビジネスを引き継ぎました。
□ 父は引退しています。
□ 毎日釣りを楽しんでいます。
□ 私は仕事が大好きです。
□ 朝は早起きします。
□ さわやかな気分です。
□ 週末はギターを弾きます。
□ 音楽が大好きです。
□ ギターを10本持っています。
□ 見せてあげます。
□ 音楽は好きですか？

いかがです？
　1つひとつのセンテンスを短く切り離していくことで、言いたいことをだいぶ整理できたのではないでしょうか。
　スタートは、ここからです。

日本語と英語の大きな違い

英訳する時の2つのポイント

　センテンスを切り離したら、今度は短く切り離した日本語を英語に変換していく番です。

　その際の大事なポイントは、次の3点。日本語と英語の違いに注意しましょう。これさえ守れば、簡単に英語に変換できます。

　（1）正しい英語の語順にする
　（2）主語を明確にする
　（3）動詞で時間を示す

　（1）については、日本語では「誰が、何を、どうした」の順で言うことが多いのに対し、英語では以下のように「誰が、どうした、何を」の順で話すのが正しいので、そのように順番を直してあげます。この順番で、いつも言葉を連結させるようにするのです。

日本語	
	①誰（何）が【主語】
	②誰（何）に、を、が【その他、必要な情報】
	③どうする【動詞】

→

英語	
	①誰（何）が【主語】
	②どうする【動詞】
	③誰（何）に、を、が【その他、必要な情報】

（２）については、先述したように、日本語では主語が省略されることが多いので、英語にする時は主語をはっきり示します。

（３）は、「時制」のことです。いつのことを言っているのか、過去なのか、現在なのか、未来なのか、これを「時制」と言いますが、英語でも「時制」はとても大事で、時制によって動詞は変化します。

例：昨日あなたに電話しました。

→　私は / 電話しました / あなたに / 昨日

I called you yesterday.

「主語、動詞、その他」の順に並べ替え

では、正しい英語の語順に沿って、先ほどの山田学さんの自己紹介を英語に変換するとどうなるかを見ていきましょう。

次の順番を意識して、「日本語→英語」変換してみてください。

日本語原文

→「誰が、どうした、何を」の順に日本語の語順を変換

→日本語（和文）から英語（英文）へ変換

こんにちは

Hello.

私の名前は / ヤマダマナブです

My name is Yamada Manabu.

私は / 東京出身です
I'm from Tokyo.

私は / 経営しています / 印刷会社を
I manage a printing company.

父が / 始めました / そのビジネスを
My father started the business.

30年前です
30 years ago.

私は / 引き継ぎました / ビジネスを / 10年前に
I took over the job 10 years ago.

父は / 引退して
My father retired.

彼は / 楽しんでいます / 釣りを / 毎日
Now he can enjoy fishing everyday.

私は / 好きです / 仕事が
I love my job.

私は / 早起きします / 朝は
I get up early in the morning.

さわやかな / 気持ちです

It's refreshing.

私は / ギターを弾きます / 週末は

I play the guitar on weekends.

私は / 大好きです / 音楽が

I love music.

私は / 持っています / ギターを10本

I have ten guitars.

うちに来てください / そしたら / 見せてあげます / それ（ギター）を

Visit us and I'll show you them.

好きですか？ / 音楽は

Do you like music?

　日本語に慣れ親しんでいる私たちからすれば、一見、不自然のように思えますが、このように**日本語を短く区切って英語にする**ことがポイントになります。

直訳せずに言い換えても十分伝わる

　ここで注意点を1つだけお伝えします。
　日本語のすべてを英語で伝える必要はありません。思い切って省略できるものは省略する。直訳しないで言い換える。それでも、相手に十分に伝わり、コミュニケーションが図れるものです。

そして、この紹介文の一部を、俳句のようにリズミカルでシンプルな日本語に置き換え、なおかつ英訳すると、次のようになります。

こんにちは / 私の名前は / ヤマダマナブです

Hello. My name is Yamada Manabu.

私は / 印刷会社を / 経営しています

I manage a printing company.

10年前 / 父から仕事を / 引き継ぎました

10 years ago, I took over the job.

朝早く / 仕事をするのは / 気分がいいです

It's good to start working early in the morning.

父は釣り / 私はギターが / 趣味ですよ

My father likes fishing. I like playing the guitar.

　いかがです。このように伝えたい日本語をまず短く区切り、HAIKUのようなリズムを持たせて、シンプルで短い英語に訳せば、どこから、何から訳していいのか、戸惑う頻度もグンと減るのではないでしょうか。

　また、外国人から「日本人の話はダラダラ長くて、結局何が言いたいのかわからない」と言われることもありません。

　さあ、あなたもさっそくチャレンジ！　HAIKUのようなリズムで、シンプルな短い文章を考えることから始めてみてください。

　案ずるより産むがやすし。習うより、慣れるです。

TANKA（短歌）メソッド にも挑戦

長い日本語も簡単に英語にできる

　HAIKUメソッドに慣れたら、もう少し長い文にも挑戦したくなるかもしれません。その時、役に立ってくれるのが「短歌」です。

　短歌は、五・七・五・七・七調のリズムで、言いたいことを表現します。

　普段から短歌をたしなむ人は、そう多くないかもしれませんが、難しく考えることはありません。

　あくまでも、日本語に軸足を置き、短歌のリズムを感じながら日本語を作り、それを伝わりやすい英語に変換すればいいのです。

　ここでは短歌ではなくて、**TANKA**と呼ぶことにし、まずは例文を紹介します。

朝起きて / 今日１日の / 計画を / ワクワク想像 / さあ行くぞ

I wake up in the morning
Imaging how exciting
it's going to be
Let's go.

友人と / 食事をしながら / 語り合う / 明日の夢を / 叶えたい

Talking with friends
Having dinner together
Let's make our dreams
come true.

毎日を / 学びの日々と / 捉えれば / どんな時でも / 前向きになる

Everyday
I learn something
I look forward to
Seeing myself grow.

どうです？
まず日本語で作れば、それほど難しくはないと思います。

日本語はできたけれど、英語にするのは難しい……。
　最初はそう感じて当たり前ですが、学校のテストではありませんので安心して大丈夫です。
　以下の２つのポイントさえおさえれば、できるようになります。

☑ **直訳しないでざっくりとした「だいたい訳」でOK**
☑ **基本の文法をおさえる**

また、難しい文法はいっさい不要です。
　詳しくはMISSION ３でお伝えしますが、中学校２年生までに学校で習う程度の文法を復習してマスターすれば、HAIKUメソッドもTANKAメソッドも、十分に使いこなせるようになるはずです。

「四文字熟語」を有効活用してみよう

　日本語の大きな特徴として、漢字の活用があります。

　なかでも四文字熟語はとても便利なので、これも有効に活用してみましょう。たとえば、次のようにです。

われわれは / 唯一無二の / 存在だ / 今日も元気に / 前進だ

We are one and only in this world.
Let's get excited and go forward.

新しい / 靴にはきかえ / 歩き出す / 今日から始まる / 自分改革

Wearing new pair of shoes
Start walking the path
of self-revolution
from today.

　「唯一無二」は **one and only in this world**、「自分改革」は **self-revolution** と英訳できます。

　ちょっと長いけれど英語にしたいことがあれば、ぜひ好きな四文字熟語などを活用して、TANKA も楽しんでいただければと思います。

MISSION

3

「21のルール」で
英文法は
ほぼマスター

本章では、中学で習った21の文法ルールを簡潔に
紹介します。文法は英語を話す時の最低限のルール。
ルールを覚えておくと、相手が話す内容を理解しやすく
なり、自信を持って英語を話せるようになります！

英語の9割は「21文法」でカバーできる

文法は完璧に覚えなくても大丈夫

　今から文法の説明をしようとしておきながら矛盾しているのですが、私は普段、人とコミュニケーションをとるぶんには、完璧な文法を習得する必要はないと考えています。

　たとえば、外国人がカタコトの日本語で、「私はお寿司が大好きです。でも、妻もお寿司が大好きです」と言ってきた場合、意味は通じますよね。

　「この人は『でも』の使い方を誤っている」と気づいても、あえてそのことを指摘したりはしないでしょう。むしろ「そうか、ご夫婦共々、お寿司が大好きなんだ」ということが理解でき、会話が弾んでいくはずです。

　このようなことから、会話を心から楽しむためには、事細かく文法を気にする必要はないと、私は考えています。賛否両論があるとは思いますが、「100パーセント完璧に話せなくても、伝えたいメッセージが確実に届けばいい」のです。

　とはいえ、無免許で車を走らせるのが不安なように、文法的に合っているかどうかを気にしながら話すのは、何となくためらいを感じ

るものです。文法を気にしていては、堂々と話せませんし、会話を心から楽しむことはできませんよね。

そこで、「最低限の文法ルール」だけはおさらいしておきましょう。文法を理解することで、相手が話している内容を理解しやすくなり、自分も自信を持って話せるようになります。

英語を話す時の最低限のルールは21

文法という言葉を耳にすると、拒否反応を示す人が少なくありません。もし、あなたがそうであれば、**「文法＝英語で話す時の法則（ルール）」**と考えてみるといいと思います。

この本では難しい文法の解説をするつもりはありません。
たとえば車の運転時に運転免許が必要になってくるのと同じように、英語を話す時にもルールが必要となります。それが「文法」です。

ゲームもスポーツにもルールがありますよね。そのルールを守るから楽しめるのであって、守らなければ楽しめなくなります。
文法も同じです。「文法」というルールを最低限守るから、英語を話すのが楽しくなると思っていただきたいのです。
そして、これからお話しする「21文法」のルールをマスターすれば、日常会話からスピーチまでの90パーセントをカバーできるようになります。

「なぜこんなルールがあるの？」と考えることは、英語の世界への第一歩です。日本語と英語などの他言語で文法が違うのは、文化や、考える順番、世界の見方が違うということです。

それらを知ることで、新しい考え方ができ、世界も広がっていきます。そう考えると、英語を話すのが楽しみになってきませんか？

最初から完璧に話せる人なんていません

　ただし、英文法を学んだからと言って、すぐに結果が出るというわけではありません。

　初めてパソコンを手にした時のことを思い出してみてください。最初のころは、「こんにちは」という言葉をキーボードに打ち込むだけでも大変な思いをしませんでしたか。

　「こんにちは」の「こ」の文字を探すだけで悪戦苦闘した人というもいるでしょうし、わずか1行の文章を作るのに、かなりの時間を費やした人もいらっしゃると思います。

　でも、今はどうでしょう。

　そんなことなどまったく考えずに、スラスラとキーボードが打てるはずです。それどころか、ブラインド・タッチと言って、いちいちキーボードを見なくても、ディスプレイさえ見ていれば、わずか数秒で文字を打ち込めてしまうのではないでしょうか。

　英語もまったく同じです。初めのうちは文法を意識しながら、たどたどしく話していても、そのうち「主語のすぐ後に動詞をもってくる」「複数にはsをつける」みたいなことは忘れてしまい、パソコンのキーボードで文字を素早く入力するのと同じような感覚で、スラスラと言葉が出てくるようになると思います。

　くどいようですが、初めのうちは赤ちゃん言葉でいい。「21文法」の基本ポイントを少しだけ意識して、あとは忘れるぐらいがちょう

どいいのです。気軽な気持ちで英語を口にしてみてください。

　不安になったら「21文法」に立ち返り、基本的なポイントを再確認しながら、少しずつレベルアップを図る気持ちでいれば、いつしかスラスラと海外の人と会話ができる自分になっているはずです。

　私たちには「日本の文化」というとても豊かな根っこがあって、日本語の木が生えています。そこを起点に「英語での表現」という新しい枝を伸ばしていただければと思います。

英文法 / 学んでみれば / だんだんと / 話せることが / 増えていくなり
Let's learn English grammar and speak more and more.

　では、さっそく21文法の説明を見ていきましょう。

最短でマスターしよう
① be 動詞

be動詞って何？

　先ほど、英語の語順は、主語＋動詞が基本だとお伝えしましたが、後者の動詞には大きく分けて２種類あります。

　be動詞と一般動詞です。

　そこでまずは、be動詞のマスターから始めましょう。

　be動詞は、誰かや何かの存在、状態を表す時に使います。

　なぜbe動詞と呼ぶかと言うと、動詞の原形、すなわち元々の基本形がbeだからです。「元々はbeなんだな」と知っておいていただければ、それで大丈夫です。

　そのbe動詞は、

is / am / are

の３種類が基本で、**「＝（イコール）」の意味がある**と思うようにしてください。

　たとえば、**Time is money.** （時は金なり）という格言がありますが、主語の **Time ＝ money** だと解釈すればいいのです。

be動詞のルール

　be動詞には、主語が「私」なのか「あなた」なのか「これ」なのかによって、次のように単語が変化するというルールがあります。

　私は〜です。

I am 〜 .

　あなたは〜です。／私たちは〜です。／彼らは〜です。

You are 〜 . / We are 〜 . / They are 〜 .

　彼は〜です。／彼女は〜です。／それは〜です。

He is 〜 . / She is 〜 . / It is 〜 .

　これは〜です。／あれは〜です。

This is 〜 . / That is 〜 .

　〜があります。

There is 〜 .

　〜があります（複数）。

There are 〜 .

まずI amから始めよう

　この本では自分について話せるようになることをゴールにしていますので、一度にたくさんルールを覚えようとせず、まずは**I am**

の文をマスターすることから始めましょう。

　主語で１番多く使われるのが、**I**（私）であり、**I am** で始まるメッセージは自分の思いや意思をストレートに表現できるので、とてもパワフルで相手にも伝わりやすいです。

　たとえば、マナブさんを例に出すと、次のようになります（なお、**I am** と話す時、**I am** はほとんど **I'm** という短くした形になります）。

こんにちは、マナブです。
Hi, I am（I'm）Manabu.

40歳です。
I am（I'm）forty years old.

息子です。
I am（I'm）a son.

ギタリストです。
I am（I'm）a guitarist.

まじめな紳士です。
I am（I'm）an honest gentleman.

　また、be動詞は、ありのままの存在（状態）を言い表す時にも使います。次の一文などは、その好例です。

私は健康です。
I am（I'm）in good health.

be動詞だけでも表現の幅はかなり広がる

be動詞はとてもシンプルですが、すぐ後にさまざまな単語をつなげることで、いろいろなことを自由に表現できます。

東京出身です。
I'm from Tokyo.

よかったですね。
I'm happy for you.

私たちは友達です。
We are friends.

私たちは健康で幸せです。
We are healthy and happy.

空は青い。
The sky is blue.

その際、**言葉そのものが持つイメージを感じながら話す**と、よりベターです。

We are healthy and happy.（私たちは健康で幸せです）という言葉を口にする時も、「私たち」のイメージが家族だったら、家族

をイメージしながら **We** と言うのです。そして、あなたが抱いている健康のイメージを思い描きながら **healthy** と、豊かな幸せをイメージしながら **happy** と言うようにしましょう。

　すると、日本語と英語の境界線がなくなり、自分のイメージを言葉に込めることができるので、相手に伝わりやすくなります。

　ともかく、be動詞は存在そのものをシンプルでストレートに表現できるので、ぜひ使って楽しんでみてください。

　ここにいて、私は幸せです。あなたに感謝します。

Here I am. I'm so happy. I am grateful to you.

　ここにいて、私たちは幸せです。あなたに感謝します。

Here we are.　We're so happy. We're grateful to you.

　すばらしい。あなたはとても素晴らしいです。

You are great. You are so amazing.

　また、**It's (It is)** で始まる文も覚えておくと、とても便利です。

　今日は素晴らしい日です。

It's a beautiful day today.

　今、6時です。

It's six o'clock.

とても暑いです。

It's very hot.

こうして見ると、be動詞だけでもいろいろなことが話せることがわかりますよね。

その際、前章でお伝えしたHAIKUメソッドを使うと、より話しやすくなります。

ここにいて / 私は幸せ / あなたに感謝

Here I am. I'm so happy. I am grateful to you.

ここにいて / 私たちは幸せ / あなたに感謝

Here we are. We're so happy. We're grateful to you.

すばらしい / あなたはとても / 素晴らしい

You are great. You are so amazing.

さあ、あなたもbe動詞を使ったフレーズを自由に口にしてみましょう。

EXAMPLE

be動詞が入ったフレーズ

こんにちは。マナブです。
Hi, I'm Manabu.

AAAのオーナーです。
I'm the owner of AAA company.

東京出身です。
I'm from Tokyo.

準備はいいですか？
Are we ready to go?

出かける時間です。
It's time to go.

準備できています。
I'm ready.

お会いできてうれしいです。
I'm very happy to meet you.

ご一緒に仕事ができて光栄です。
It's a pleasure to work with you.

そのプロジェクトのメンバーです。
I'm a member of the project.

最短でマスターしよう
② 一般動詞

「一般動詞」は動作を表す動詞

　「一般動詞」とは、**be動詞以外の全ての動詞のこと**を言い、数多くの種類（単語）があります。

　be動詞が「A＝B」の関係を表すのにぴったりな動詞だったのに対し、**一般動詞は「AがBをする」といったように動作を表します。**

　主語のすぐあとに動詞が来るという基本は変わりません。
　I（私）と動詞だけで文が作れることも多いので、まずは主語をIに統一して、いろいろなフレーズを声に出して言ってみましょう。

　私は歩きます。
I walk.

　私は微笑みます。
I smile.

　私は食べます。
I eat.

go、come、run、get、have、take、think、make など、他に数えきれないほどの動詞がありますので、まずは思いつく限り、Iと動詞だけで文を作り、口にするところから始めてみましょう。

毎日の行動や思考の動きは一般動詞で表せる

私たちは毎日、どこかに行ったり、何かをしたり……といった行動をとっています。何かを考えたり、感じたりといった、心の動き、思考の動きもあるでしょう。

こうした毎日の行動や思考パターンを一般動詞を用いて話すようにすると、いろいろなことが英語で自然に表現できるようになります。参考までに例文を出しておきます。

朝、起きる。
I **get up** in the morning.

顔を洗って、歯を磨く。
I **wash** my face, **brush** my teeth.

朝食をとって、それからコーヒーを飲む。
I **have** breakfast and **drink** some coffee.

朝の８時に仕事を始めます。
I **start** working at eight in the morning.

友達と昼食をとり、会話をして楽しむ。
I **have** lunch and **enjoy** talking with friends.

私は泳ぎに行く。

I go swimming.

私は日記を書く。

I write a journal.

お気に入りの動詞を大切にして集めよう

この項の最後に、あなたにとってお気に入りの動詞があれば、それを大事にすることをおすすめします。

たとえば朝起きてからの行動を4つ例に挙げてみます。以下の動詞の中に、自分の印象に残るものやお気に入りのものがあれば、それを大切にしてほしいのです。

- ☑ 朝起きて、空を見る→**see**（見る）
- ☑ 小鳥のさえずりに気づく→**hear**（聞く）
- ☑ コーヒーの香りが印象に残る→**smell**（匂いをかぐ）
- ☑ おいしい果物の味が心に残る→**taste**（味わう）

そうすることで**自分自身の心理傾向を知ることができ、それが自分との対話につながる**ようになります。

さあ、あなたも自分自身の世界を表す動詞をどんどん集めて、それをノートに書きだしてみてください。

本やネット上で好きなフレーズを見つけたら、どんな動詞が使われているのかに注目してみるのもいいかもしれません。

すると、以下に記すような、たいていの人なら知っている単語（一般動詞）が多いことに気づくはずです。

EXAMPLE 2 一般動詞が入ったフレーズ

私には息子がひとり、娘がひとりいます。
I **have** a son and a daughter.

両親と住んでいます。
I **live** with my parents.

いつも朝は6時に起きます。
I usually **get up** at six in the morning.

私は地下鉄で通勤します。
I **take** the subway to work.

私は毎日30分ウォーキングします。
I **walk** every day for 30 minutes.

話して、行なえば、夢が叶う。
Dreams **come** true by saying and doing it.

私は自分の人生を生きます。
I **live** my life.

最短でマスターしよう
③ 疑問文、否定文

be動詞の疑問文

　疑問文は相手に質問を投げかける文のことを言いますが、自分に問いかけをするセルフトークにも使えます。

　be動詞の文を疑問文にするためのルールは、**主語と動詞の順を入れ替えて、最後に「?」をつける**、この2点だけ。

　次のような始まり方の文になります。

私は〜ですか?

Am I 〜 ?

あなたは〜ですか? / 私たちは〜ですか? / 彼らは〜ですか?

Are you 〜 ? / Are we 〜 ? / Are they 〜 ?

彼は〜ですか? / 彼女は〜ですか? / それは〜ですか?

Is he 〜 ? / Is she 〜 ? / Is it 〜 ?

これは〜ですか? / あれは〜ですか?

Is this 〜 ? / Is that 〜 ?

〜がありますか？

Is there 〜 ?

〜がありますか？（複数）

Are there 〜 ?

　たとえば誰かに「あなたは準備ができていますか？」とたずねる時は、**"Are you ready?"** で質問し、返答は **"Yes, I am."** あるいは **"No, I'm not."** です。

　何かを食べておいしかったら、**"It's good."**（おいしい）になりますが、これを疑問文にすると、**"Is it good?"**（おいしいですか？）になり、**"Yes, it is."** または **"No. it isn't."** のように答えます。

一般動詞の疑問文

　いかがです？　英語が苦手な人でも中学校で習ったことをだんだんと思い出してきたのではないでしょうか。

　一般動詞の文を疑問文にするためのルールは、文の最初に **Do を つけて、最後に「？」をつける**、この２点だけです。

　"Do you ＋動詞〜 ?" のフレーズを覚えておくだけでも、外国人と十分話すことができます。

　たとえば、**"You have a key."**（鍵を持っている）を疑問文にすると **"Do You have a key?"**（鍵を持っていますか？）となり、**"Yes, I do."** や **"No, I don't."** と返答します。

　「読書は好きですか？」も同様に、**"Do you like to read?"**

となり、返答も **"Yes, I do."** もしくは **"No, I don't."** となります。

　「私たちに時間はたくさんありますか？」も **"Do we have enough time?"** となり、返答も **"Yes, we do."** あるいは **"No, we don't."** のどちらかで答えることができます。

be動詞の否定文にはnotを入れる

　否定文とは「そうではありません」という否定の内容を表す文のことを言います。

　be動詞の否定文には**not**が入り、話す時は次の左側の例のように短くすることが多いです。

私は〜ではありません。

I'm not 〜 . = I am not 〜 .

あなたは〜ではありません。

You're not 〜 . = You are not 〜 .

私たちは〜ではありません。

We're not 〜 . = We are not 〜 .

彼らは〜ではありません。

They're not 〜 . = They are not 〜 .

彼は〜ではありません。

He isn't 〜 . = He is not 〜 .

彼女は〜ではありません。

She isn't 〜 . = She is not 〜 .

それは〜ではありません。

It isn't 〜 . = It is not 〜 .

これは〜ではありません。

This isn't 〜 . = This is not 〜 .

あれは〜ではありません。

That isn't 〜 . = That is not 〜 .

〜がありません。

There isn't 〜 . = There is not 〜 .

〜がありません（複数）。

There aren't 〜 . = There are not 〜 .

ここであなたに質問です。

「私は学生ではありません」を英語で言うとどうなりますか？

"I'm not a student." ですよね。

これもコツを飲み込んでしまえば簡単。

たとえば「私はコンピューターに強くないです」と言いたい時は、

"I'm not a computer person." とすればよく、「学ぶのに遅すぎることはありません」と言う時は、**"It's not too late to learn."** と発すればいいのです。

一般動詞の否定文にはdon'tを入れる

　be動詞の否定文の場合は**not**を入れるのに対し、一般動詞の否定文は**don't**（**do not**）を入れます。

　ただし、主語が「彼」や「彼女」、「それ」や「これ」などの時には、**doesn't**（**does not**）に変わります。詳しくは**❻**（89ページ）で説明しますので、今はそういうものだと思っておいてください。

I **don't** 〜 . = I **do not** 〜 .

You **don't** 〜 . = You **do not** 〜 .

We **don't** 〜 . = We **do not** 〜 .

They **don't** 〜 . = They **do not** 〜 .

He **doesn't** 〜 . = He **does not** 〜 .

She **doesn't** 〜 . = She **does not** 〜 .

It **doesn't** 〜 .　= It **does not** 〜 .

This **doesn't** 〜 . = This **does not** 〜 .

That **doesn't** 〜 . = That **does not** 〜 .

don't や **doesn't** の直後には動詞がくるようになっています。

午後はコーヒーを飲みません。

I don't drink coffee in the afternoon.

スペイン語は話しません。

I don't speak Spanish.

では、たとえばあなたが非喫煙者なら、英語でどう表しますか？
"I don't smoke." と言えばいいのです。

一般動詞の否定文 **don't** や **doesn't** は、自分の習慣ではないことや、やっていないことを言い表す時、何かと便利な表現です。

では、次にもっといろいろな質問ができる文を見ていきましょう。

EXAMPLE

3 疑問文・否定文が入ったフレーズ

私はアルコールを飲みません。
I don't drink any alcohol.

私たちは観光の時間があまりありません。
We don't have enough time for sightseeing.

今晩泊まれるお部屋はありますか？
Do you have a room available for tonight?

準備はいいですか？
Are we ready to go?

最短でマスターしよう
④ 疑問詞

疑問詞とは5W1Hのこと

疑問詞とは、**what**、**who**、**when**、**where**、**which**、**whose**、**why**、**how**などのいわゆる5W1Hに代表される言葉のことを言い、文の最初につけて、「いつ」「誰が」「どこで」「何を」「どうした」のかなどをたずねる時に用いる言葉です。

疑問詞で始まる質問には、普通**Yes, No**では答えられないので、自由に答えてかまいません。

この項では、どういう質問をする時、どの疑問詞を使うか、また、どう返答すればいいかの例文を見ていきます。

What（何？）で始まる疑問文と返答文

What is your dream?（あなたの夢はなんですか？）
→ **My dream is to become a writer.**
（作家になることです）

What do you think?（あなたはどう思いますか？）
→ **I think it's a great idea.**
（素晴らしいアイディアだと思います）

What is your goal for today?（今日のゴールは何ですか？）
→ **I'm going to finish writing this report.**
（このレポートを終わらせることです）

Who（誰が？）で始まる疑問文と返答文

Who is that girl?（あの女の子は誰ですか？）
→ **She is my sister.**（私の妹です）

Who do you want to go with?（誰と一緒に行きたいですか？）
→ **I want to go with my friends.**（友人と行きたいです）

When（いつ？）で始まる疑問文と返答文

When is the next meeting?（次の打ち合わせはいつですか？）
→ **Next Friday at 10AM.**（次の金曜日の10時です）

When is your birthday?（誕生日はいつですか？）
→ **August 7th.**（8月7日です）

When do you have time?（いつなら時間がありますか？）
→ **I have time this Thursday morning.**
（今週の木曜日の午前中なら時間があります）

Where (どこ?) で始まる疑問文と返答文

Where am I?（ここはどこですか？）
→ **You're in Shibuya.**（渋谷です）

Where do you live?（どこにお住まいですか？）
→ **I live in Nagoya.**（名古屋に住んでいます）

Where can I buy some bottled water?
（どこでペットボトルの水が買えますか？）
→ **There is a vending machine over there.**
（あちらに自動販売機があります）

Which (どちら?) で始まる疑問文と返答文

Which do you prefer? Tea or coffee?
（お茶とコーヒーのどちらがお好きですか？）
→ **I prefer tea.**（お茶が好きです）

Which of these paintings do you like best?
（この絵の中でどれが1番好きですか？）
→ **I like this one.**（こちらが好きです）

Which country are you going to visit next?
（次回はどちらの国を訪れますか？）
→ **I'm going to Australia.**（オーストラリアに行くつもりです）

Whose（誰の？）で始まる疑問文と返答文

Whose computer is this?（これは誰のパソコンですか？）
→ It's my brother's.（弟のものです）

Whose book is this?　（これは誰の本ですか？）
→ It's Manabu's.（マナブのものです）

Why（なぜ？）で始まる疑問文と返答文

Why do we have to learn?
（私たちはなぜ学ばなくてはならないのか？）
→ Because it's important to grow.
　（成長することが大事だからです）

Why are you going to Tokyo?（なぜ東京に行くのですか？）
→ I have a meeting there.（打ち合わせがあります）

Why are you sad?（なぜ、悲しいのですか？）
→ Because the pet bird died.（ペットの鳥が死んだからです）

How（どうやって？）で始まる疑問文と返答文

How many people are there in your family?
（何人家族ですか？）
→ There are four of us.（4人です）

How did you get here?（どうやってここまで来ましたか？）
→**I came here by bus.**（ここまでバスで来ました）

How can I help you?（何かお困りですか？）
→**I'm looking for the room key.**（部屋の鍵を探しています）
→**I'm all right. thank you.**（大丈夫です。ありがとう）

　いかがでしょう。いずれも中学校で習ったものばかりなので、当時の記憶がよみがえってきたのではないでしょうか。

EXAMPLE
4 疑問詞が入ったフレーズ

趣味は何ですか？
What do you do in your free time?

ツアーは何時からですか？
What time does the tour start?

遺失物取扱所はどこですか？
Where is the lost and found?

今日は何をしましょう？
What shall we do today?

そこまでどれくらい時間がかかりますか？
How long does it take to get there?

最短でマスターしよう

⑤ 命令文

命令文では主語を省略

　命令文とは、相手に要望を伝えたり、何かをしてほしい時、あるいはしてほしくない時などに使う文のことを言います。

　自分に対して、「大丈夫、心配するな」「恐れることはない」と励まし、元気づける時にも使います。

　通常の語順は、主語が最初で次が動詞、必要ならその他の情報が動詞の後に来ると先述しましたが、**命令文では主語を省略するのがポイント**で、be動詞を基にしたものと、一般動詞を基にしたものがあります。

be動詞を基にした命令形

　be動詞を基にした命令形の用い方はとてもシンプルで、以下のように、**頭にBeをつけるだけでOK**です。

Be happy. （幸せでいて）

Be careful. （気をつけて）

Be nice to yourself. （自分に親切に）

Be nice to others. （人に親切に）

「〜しないで」と否定の形で入る時は、beの前に**Don't**をつければばよく、次のようになります。

Don't be a stranger. （他人行儀にならないで）

Don't be afraid. （恐れないで）

Don't be late. （遅れないで）

一般動詞を基にした命令形

　一般動詞を基にした命令形の用い方もとてもシンプルで、**頭に動詞をつけるだけ**です。

Keep left. （左側通行をしなさい）

Drive safely. （安全運転しなさい）

Wait for me. （待って）

Run! （走れ！）

Stand up. （立ってください）

「〜しないで」と否定の形で入る時は、一般動詞の前に **Don't** を
つければよく、そうすることで次のような命令形になります。

Don't run.（走るな）

Don't worry.（心配しないで）

Don't rush.（焦らないで）

Don't get mad.（怒らないで）

Never で始まる命令文もあり、これは「決して〜するな」とい
う意味になります。
　ただし、下に挙げた３つめの例文にもあるように、相手に対して
高圧的な態度で禁止を強要する意味合いもあるので、使い方には十
分な注意が必要です。

Never give up.（決してあきらめるな）

Never mind.（気にするな）

Never smoke.（絶対にタバコを吸ってはならない）

また、同じ命令文であっても、最初か最後に **please** をつける
と「お願いできますか」といったニュアンスに変わるため、雰囲気
も和らぐようになります。

Please go ahead. （先に進めてください）

Please call a taxi. （タクシーを呼んでもらえますか）

Send us a message, **please**.
（私たちにメッセージをください）

　なお、この命令形もHAIKUメソッドを使うと、よりマスターしやすくなるので、以下の例文を参考にしながら、あなたも試してみるといいでしょう。

気をつけて / ここは道路が / 滑りやすい
Be careful. The road is slippery here.

焦らない / ゆっくりやれば / 大丈夫
Don't rush. It's OK to go slow.

吸わないで / 私はタバコが / 苦手です
Please don't smoke. I don't like the cigarette smoke.

心配するな / 誰でも失敗 / するものだ
Don't worry so much. Anybody can make a mistake.

5 命令文が入ったフレーズ

このエリアでは喫煙はお控えください。
Please refrain from smoking in this area.

恐れてはいけません。
Don't be afraid.

まっすぐ行ってください。
Go straight.

部屋を片付けなさい。
Clean up your room.

夕食を食べていってください。
Have dinner with us.

手を貸してください。
Give me a hand.

素晴らしい1日を！
Have a wonderful day.

窓を開けてください。
Open the window, please.

心配しないでください。
Don't worry.

最短でマスターしよう
⑥ 動詞にsがつく場合

動詞にsがつくのはどんな時？

主語の種類によって、一般動詞に **s** がつく場合があります。
どんな時に **s** がつくのか、まずは例文から見ていきましょう。

私は毎日コーヒーを飲みます。
I drink coffee everyday.

私たちは毎日コーヒーを飲みます。
We drink coffee everyday.

あなたは毎日コーヒーを飲みます。
You drink coffee everyday.

マナブは毎日コーヒーを飲みます。
Manabu drinks coffee everyday.

彼は毎日コーヒーを飲みます。
He drinks coffee everyday.

「三単現」の条件がそろった時、 動詞にsがつく

さて、どんな時にsがつくか、おわかりいただけましたか。
ポイントは3つの条件がそろった時です。

1つめの条件は、主語が三人称であること。
主語がI（私）やwe（私たち）のことを一人称と言い、you（あなた・あなたたち）のことを二人称と言います。

これに対し、he（彼）やshe（彼女）やManabu（マナブ）といったように、I（私）やwe（私たち）やyou（あなた、あなたたち）以外はすべて三人称と言います。

2つめの条件は、主語が三人称であることに加えて、単数であることです。
I（私）は一人称の単数で、we（私たち）は一人称の複数。
you（あなた・あなたたち）は二人称で、単数でもあり複数でもあります。

三人称の単数とは、こうしたI（私）やwe（私たち）やyou（あなた、あなたたち）以外の「特定の人」や「特定のもの」すべてを言います。
Manabu（マナブ）、he（彼）、she（彼女）、my sister（妹）、Mr. Yamada（山田氏）、this book（この本）、my car（私の車）などが、これに該当すると思ってください。

3つめの条件は、過去や未来ではなく、現在を表していること。
「〜しました」「〜する予定です」ではなく、「〜しています」という現在形の状態です。

改めて、整理すると、

> **三単現の条件**
> ①主語が三人称
> ②主語が単数
> ③現在のことを表している

この3つの条件がそろった時に、**s**をつけるようにするのです。**三人称で、単数で、現在だから、「三単現でsがつく」**と覚えおくとわかりやすいかもしれません。

「三単現」でも動詞にsがつかないこともある

しかし、三単現でも動詞に**s**がつかないことがあります。

1つは疑問文にして、代わりに**Does**がついた時です。

たとえば、**"You live in Tokyo."**（あなたは東京に住んでいます）を疑問文にすると、**"Do you live in Tokyo?"**（あなたは東京に住んでいますか？）となります。

しかし、**"She lives in Tokyo."**（彼女は東京に住んでいます）を疑問文にすると、**"Does she live in Tokyo?"**（彼女は東京に住んでいますか？）となります。

もう1つは否定文にした時です。

"You live in Tokyo."（あなたは東京に住んでいます）を否定文にした場合、**"You don't live in Tokyo."**（あなたは東京に住んでいません）です。

しかし、**"She lives in Tokyo."**（彼女は東京に住んでいます）を否定文にすると、**"She doesn't live in Tokyo."**（彼女は東京に住んでいません）となります。今度は**doesn't**をつけるようにするのです。

- ☑ 動詞に**s**がつくのは、三単現の条件がそろった時。
- ☑ ただし、疑問文や否定文の時は、三単現の条件がそろっても**s**がつかず、代わりに**does**や**doesn't**がつく。

まずは、このポイントだけおさえておけば大丈夫です。

EXAMPLE
6
動詞にsがつくフレーズ

みんなアイスクリームが大好き。
Everyone loves ice cream.

日は沈む。
The sun goes down.

妹はピアノが上手い。
My sister plays the piano well.

マナブは東京に住んでいます。
Manabu lives in Tokyo.

最短でマスターしよう

7 現在進行形

現在進行形のルールは、「be動詞」＋「動詞ing」

　現在進行形とは、**今継続している動作を表す**文型のことをいい、ルールはとても簡単。「be動詞」と「動詞ing」を使います。

　以下に示す例文にあるように**「be動詞」＋「動詞ing」**、つまり「be動詞」のすぐ後に「**動詞ing**」をつけるようにします。

　私は今、手紙を書いています。

I'm writing a letter now.

　マナブは今リンゴを食べています。

Manabu is eating an apple now.

現在進行形で、いろいろな状況を表せる

　現在進行形にはいくつかの種類があって、今この瞬間行なっていなくても、すでに始めていて、完了していない継続中の動作を表す時にも使います。

　たとえば、今は食事中であっても、読んでいる最中の面白い本があれば、次のように表すことができます。

私は今、面白い本を読んでいます。

I'm reading an interesting book.

また、現在形がいつもの習慣を表すのに対し、現在進行形は**いつもとは違うけれども、今行なっている動作を表**す際にも使います。

いつもならランチの後はコーヒーですが、今日は緑茶を飲んでます。

I usually have some coffee after lunch but **I'm drinking** green tea today.

さらに、**何かが変化している途中**も現在進行形で表します。

時が迫っています。

Time is getting near.

日が落ちてきて、だんだん暗くなってきています。

The sun is setting and **it's getting** dark.

他に、現在進行形で**近い未来の予定を表**すこともあります。

明日の午後、ロンドンに向けて出発します。

I'm leaving for London tomorrow afternoon.

私たちはクリスマスの準備をしています。

We're getting ready for Christmas.

現在進行形は、**自分が今行なっている動作を実況中継する**のにも

ぴったりなので、オンラインで外人と会話する時など、次のように
自分から積極的に口にしてみるといいかもしれません。

私は今、英語の勉強をしています。
I am studying English now.

現在進行形
・今継続している動作を表す
・いつもとは違うけれど、今行なっている動作を表す
・何かが変化している途中を表す
・近い未来の予定を表す
・今行なっている動作を実況中継する

HAIKUメソッドで現在進行形をマスターしよう

　ところで、現在進行形には今の状態が端的に表現できるというメ
リットがあるので、HAIKUメソッドを活用して、リズミカルでシ
ンプルな日本語に置き換え、それを英語に変換してみるのもいいか
もしれません。
　たとえば、次のようにです。

明日の午後 / ロンドンに向けて / 出発だ
I'm leaving for London tomorrow afternoon.

私たち / 準備をしている / クリスマス
We're getting ready for Christmas.

何もかも / よくなりつつある / だんだんと

Everything is getting better and better.

HAIKUメソッドの格好のトレーニングになりますよね。

さあ、あなたなら、今やっていること、今の状態を、HAIKUメソッドを使って、どう表しますか？

私なら、この項目のテーマに合わせて、あなたにこんなメッセージを送ります。

今のこと / 話しているよ / 進行形

I am talking about what's going on.

EXAMPLE

7 **現在進行形が入ったフレーズ**

私はカフェで一休みしているところです。
I'm taking a break at a café.

あなたの携帯が鳴っています。
Your cellphone is ringing.

だんだん成長してきています。
You are growing more and more.

私たちは来月スペインを訪れます。
We are visiting Spain next month.

覚えておくと使えるフレーズ

自己紹介シーン

　海外の旅行先などで使えるフレーズです。

　少しでも話せるようになっておくと、話し相手と仲よくなれる
チャンスです。覚えておくと便利ですよ。

こんにちは。田中学と申します。東京出身です。

Hi, my name is Tanaka Manabu. I'm from Tokyo.

独身で、ひとり暮らしです。

I'm single, and I live on my own.

息子が2人います。4人家族です。

I have two sons. We are family of four.

海のそばのホテルに滞在しています。

We are staying at a hotel by the sea.

そのホテルの食事はいいですよ。

The hotel serves good meals.

最短でマスターしよう
⑧ 助動詞 can

「主語＋can＋述語」が基本ルール

　アメリカ合衆国の第44代大統領バラク・オバマ氏が演説で口にした **"Yes we can."** というセリフをご存知の方も多いと思います。**can** を使うことにより、「〜することができる」という意味を表せます。

　文型のルールは**「主語＋can＋述語（動詞）」**。**主語が三人称・単数であっても動詞は原型**を用います。

私は泳げます。

I can swim.

マナブは英語を話すことができます。

Manabu can speak English.

私たちはあなたたちに明日の午後お会いできます。

We can see you tomorrow afternoon.

私はあなたをお手伝いできます。

I can help you.

098

山が見えますね。

You can see a mountain.

このように、動詞と一緒に使うことで、意味を加える**can**のような単語を「助動詞」と言います。「助動詞」には、can以外にも種類がいろいろあります。詳しくは**⓰**（134ページ）で説明します。

can の疑問文での使い方

canの疑問文は、「〜できますか？」「〜してもよろしいですか？」という意味合いで使われることが多く、**can**を主語と入れ替えて頭にもっていくだけです。例文を示すと次のようになります。

お水をいただけますか？

Can I have some water?

もう注文できますか？

Can I order now?

バッグを運びましょうか？

Can I carry your bag?

ドアを開けてもらえますか？

Can you open the door?

質問してもいいですか？

Can I ask you a question?

オフィスまでの道を教えてもらえますか？

Can you tell me the way to the office?

向こうの虹が見えますか？

Can you see the rainbow over there?

そして、これらの質問に対する返答は、**"Yes, I can."** もしくは **"No, I can't."** です。要するに **Yes** か **No** の後に主語をつけ、その後に **can** もしくは **can not** をもってくればいいのです。

can の否定文での使い方

can の否定文は、「〜できません」という意味を表し、文型も以下のように、「主語＋ **can not** ＋述語（動詞）」とシンプルです。

信じられない！

I can't believe it!

皆さんに会うのが待ちきれません。

I can't wait to see you all.

彼はフランス語がしゃべれません。

He can't speak French.

そのニュースは真実のはずがない。

The news can't be true.

疑問詞を組み合わせるとセルフトークができる

　最後に、79ページでお伝えした5W1Hをベースにした疑問詞を
組み合わせ、なおかつリズミカルなHAIKUメソッドを活用すると、
ちょっとしたセルフトークが作れますので、あなたも、ぜひ試して
みませんか。

チームのため / 自分に何が / できるだろうか？
What can I do for the team?

どうしたら / もっともっと / よくなるか？
How can I make it better?

　そして、この項の最後もHAIKUメソッドを使って、私からあな
たにメッセージを送らせていただきましょう。

大丈夫 / あなたはできると / 信じてる！
All is well. I know you can do it!

8 canが入ったフレーズ

ここから歩いてそこまで行けますか？
Can I walk there from here?

コースのパンフレットをもらえますか？
Can I have a brochure about the course?

貴重品はフロントに預けることができます。
You can deposit your valuables at the front desk.

どこで両替できますか？
Where can I change money?

ビールをいただけますか？
Can I have a beer, please?

われわれはともにゴールに到達できる。
We can achieve our goals together.

この料理を持ち帰ることはできますか？
Can I take out this dish?

こちらを試着できますか？
Can I try this on?

最短でマスターしよう
9 動詞の過去形

動詞にedがついたら過去形

　過去形は過去の状態や行動などを表す時に用います。

　日本語でも、毎日電話をする習慣があるのか、今電話をしている最中なのか、昨日電話をしたのかで、表現の仕方が違ってくるのと同じで、英語でも表現の仕方が次のように違ってきます。

① 母と毎日電話で話します。

　I talk to my mother on the phone everyday.

② 今ちょうど、母と電話で話しているところです。

　I'm talking to my mother on the phone right now.

③ 昨日、母と電話で話しました。

　I talked to my mother on the phone yesterday.

　①の**talk**は現在形、②の**am talking**は現在進行形、そして③の**talked**が過去形で、**基本は一般動詞に"ed"がついたら、過去形になる**と考えてください。

　これを規則動詞といい、以下のような時に使います。

昨日は5時間歩きました。
I walked for five hours yesterday.

一昨日は理科の勉強をしました。
I studied science the day before yesterday.

彼女は微笑んだ。
She smiled.

ディスコで踊りました。
I danced at a disco.

edがつかない動詞もある

　日常的によく使う動詞の中には、過去形になっても**ed**がつかず、不規則な変化をする動詞があります。

　たとえば、「食べる」という意味の**eat**という動詞は、過去形になると**ate**となります。

朝バナナを食べました。
I ate a banana for breakfast.

　「買う」という意味の動詞の**buy**の過去形は**bought**で、次のような時に用います。

昨日、私は新しいシャツを買いました。
I bought a new shirt yesterday.

 edがつかない動詞は他にもたくさんありますので、その一部と例文を紹介しておきましょう。

●get の過去形→got
（例）昨日新しいアイディアを得ました。
I got a new idea yesterday.

●take の過去形→took
（例）その本を読むのに5時間かかりました。
It took five hours to read the book.

●have の過去形→had
（例）昨日私たちは一緒に素晴らしい1日を過ごしました。
We had a wonderful day together yesterday.

●come の過去形→came
（例）彼は昨夜遅くに帰宅しました。
He came home late last night.

●go の過去形→went
（例）マナブは先月アメリカに行きました。
Manabu went to America last month.

自分が口にしそうな動詞の過去形を意識

このように、過去形になるとedがつく動詞、edがつかないで不規則な変化をする動詞の2種類があるので注意しましょう。

その対処方法として、自分がよく口にしそうな動詞の過去形を意識するように心がけ、可能であればリストを作っておくのもいいかもしれません。

　そうすれば、ショッピングが好きな人は**bought**、グルメな人なら **ate** という言葉がすぐに口から出せるはずです。

　ともかく、自分が体験した過去のいろいろなことが話せるようになれば、自己紹介もできますよ。

You can introduce yourself when you can talk about your experiences.

EXAMPLE

9　動詞の過去形が入ったフレーズ

私たちは昨晩パーティーに行きました。
We went to the party last night.

彼らはそのプロジェクトのためにとてもよく働いた。
They worked so hard for the project.

彼は宿題を終わらせた。
He finished his homework.

最短でマスターしよう
⑩ 名詞の複数形

数えられる名詞にはsをつける

英語には数えられない名詞と数えられる名詞があります。

数えられない名詞とは形（輪郭）が不明確なもの、たとえば **water**（水）、**air**（空気）、**art**（芸術）など。数えられる名詞とは形がはっきりしているもの、たとえば **book**（本）、**tree**（木）、**apple**（リンゴ）などのことを言います。

数えられる名詞は１つの時は単数形で、**a** とか **an**、または **the** や **my** などの単語が結びつきますが、２個以上のものを表す時は複数形となり、基本的には単語の最後に **s** がつきます。

私は本を１冊と鉛筆を３本買いました。

I bought a book and three pencils.

私は朝バナナを２本食べました。

I ate two bananas for breakfast.

庭には３本の木があります。

There are three trees in the garden.

また、以下の例文にあるように、単語の最後に **s** ではなく、**es** をつけたり、**y** が消えて **ies** になったりするものもあります。

われわれはヒーローです。
We are heroes.

私たちは赤ちゃんだった。
We were babies.

みなさま、こちらは機長です。
Ladies and gentlemen, this is your captain speaking.

s がつかない名詞の複数形

この他にも、**s** がつかないで不規則な変化をする名詞の複数形もあります。下に挙げるのは、その一部です。

man（男）→ **men**

woman（女）→ **women**

child（子ども）→ **children**

foot（足）→ **feet**

tooth（歯）→ **teeth**

　また、**単数形と複数形が同じ単語**もあります。下に挙げるのは、その一部です。

sheep（ヒツジ）→ **sheep**

deer（鹿）の複数形→ **deer**

文章では、次のように使います。

この階は女性専用です。
This floor is for women only.

人は天使ではない。（人は完璧ではない〈ことわざ〉）
Men are not angels.

食後は歯を磨きなさい。
Brush your teeth after meals.

羊を数えれば眠くなる。
Counting sheep will make you sleepy.

数えられない名詞はこうして数える

　前述したように、英語には数えられない名詞と数えられる名詞があります。たとえば、**water**（水）などは決まった形がありません。
　そこで、こういう場合は**容器の数を数える**ようにします。

水がコップ1杯なら、**a glass** of water.
コップ3杯だったら、**three glasses** of water.
コーヒー1杯は、**a cup** of coffee.
コーヒー2杯だったら、**two cups** of coffee.

したがって、カフェやレストランなどで「お水をください」と言う時は **"Can I have a glass of water"**。
「赤ワインを2つください」と言う時は **"Can we have two glasses of red wine, please"** と言えばいいのです。

ちなみに私はこの原稿を早朝から書いています。そこでHAIKUメソッドを使って複数形の名詞が入ったセルフトークを一句！

コーヒーを / 3杯飲んで / 目が覚める
Three cups of coffee make me awake.

EXAMPLE

10 名詞の複数形が入ったフレーズ

机の上に3冊本がある。
There are three books on the desk.

お水を2杯いただけますか？
Can I have two glasses of water?

最短でマスターしよう
⓫ 代名詞

代名詞は人やモノを指し示す時に使う

代名詞とは、名詞の代わりとして、人やモノなどを指し示す言葉のことを言います。

I、**we**、**you**、**he**、**she**、**it**、**they** や、**this**、**that**、**these**、**those** がよく使われます。

たとえば、マナブさんのことを話す時、最初に **"Manabu is a friend of mine."**（マナブは私の友人です）と言ったら、その次はマナブという名前は使わずに、代わりに **he** が主語になり、**He is very kind.**（彼はとても親切です）と続きます。

ケーキを買ってきた時も同じです。最初に **"I bought a cake."**（ケーキを買ってきました）と言ったら、次からケーキに代わって **"This"** が主語になり、**"This is delicious."**（これはおいしいんです）と続いたりします。

天気や時刻を表す時にも使う

代名詞は以下に記す例文のように、天気や時刻を表す時にも使います。

今日は雨だ。
It's rainy today.

正午です。
It's noon.

今日は何曜日ですか？
What day is it today?

木曜日です。
It's Thursday.

　この場合の **it** は、特に何かの代わりにはなっていませんが、覚えておくと便利な言葉です。

代名詞は働きによって形を変える

　また、代名詞は働きによって形を変えたりもします。
　「私は」は **I** ですが、「私の」になると **my**、「私を」「私に」になると **me**、「私のもの」になると **mine** に変身します。
　一人称、二人称、三人称、単数か複数かによって、その都度、変わりますので、一覧表と例文を次ページに掲載しておきましょう。

私は両親を愛しています。
I love my parents.

彼女は私の妹です。
She is my sister.

あなたはあなたのままでいい。

Be yourself.

彼は息子の世話をする。

He looks after his son.

彼女は自分の車を運転します。

She drives her car.

私たちには私たちの夢がある。

We have our own dreams.

彼らは彼に手紙を送るだろう。

They will send him a letter.

			主格 （〜は）	所有格 （〜の）	目的格 （〜を、〜に）	所有代名詞 （〜のもの）
単数	一人称	私	I	my	me	mine
	二人称	あなた	you	your	you	yours
	三人称	彼	he	his	him	his
		彼女	she	her	her	hers
		それ	it	its	it	-
複数	一人称	私たち	we	our	us	ours
	二人称	あなたたち	you	your	you	yours
	三人称	彼ら	they	their	them	theirs

普段、私たちは日本語であまり代名詞を使うことはありません。でも、英語ではよく使われるので、一覧表に掲載した単語はマスターしておくといいかもしれません。

まずは、いきなり全部マスターしようと考えないで、自己紹介の時に何かと役に立つ「 I / my / me / mine 」を使い分けられるようになることから始めてみましょう。

私はエンジニアです。

I'm an engineer.

彼は私のビジネスパートナーです。

He is my business partner.

父が私にこの本をくれました。

My father gave me this book.

このスマホは私のものです。

This smartphone is mine.

EXAMPLE
11 代名詞が入ったフレーズ

彼らは彼に手紙を送ります。
They will send him a letter.

あなたの考えを話してくれてありがとうございます。
Thank you for sharing your thought with us.

私の考えを共有させてください。
Let me share my idea with you.

彼女はカナダ出身です。
She comes from Canada.

その駅への行き方を教えてください。
Please tell me the way to the station.

私は図書館で友達に会いました。
I met a friend of mine at the library.

これはあなたの本ですか？
Is this your book?

これは彼らのお気に入りの本です。
This is their favorite book.

最短でマスターしよう
⑫ be動詞の過去形と過去進行形

be動詞は過去形になると形が変わる

　この章の最初でもお伝えしたように、be動詞は誰かや何かの存在、状態を表す時に使いますが、過去形にすることによって、過去の状態を言い表すことができます。

　その場合、次のように形が変わります。

I am ～ → I was ～
You are ～ → You were ～
He is ～ → He was ～
She is ～ → She was ～
We are ～ → We were ～
They are ～ → They were ～
It is ～ → It was ～

ポイントは、以下の2つだと理解しておけばいいでしょう。

☑ **am, isの過去形は was**
☑ **areの過去形は were**

　たとえば１日の終わりを振り返り、「今日は素晴らしい１日でした」を英語で表す時は、**"It was a wonderful day."** となります。今日という日が終わったわけですから、過去形ですよね。

　同じように、過去の状態を言い表す時は、次のように言います。

私はその部屋にいました。
I was in the room.

彼は学生でした。
He was a student.

父は教師でした。
My father was a teacher.

私たちは若かった。
We were young.

昨日、彼らは忙しかった。
They were busy yesterday.

　また **"He was a student."** を疑問文にする時は、**"Was he a student?"** のように、主語とbe動詞の過去形を入れ替え、be動詞の過去形を最初に持ってくるようにしましょう。

　否定形にするのも簡単です。**was not** は短縮して、**wasn't** となることが多いので、**"He wasn't a student."** となります。

主語がIの場合は **"I wasn't a student."** ですが、**they** の場合は **"They weren't students."** と表すようにしましょう。

過去進行形は「be動詞の過去形＋動詞ing」

過去進行形とは、「あの時、私は〜していました」といったように、過去のある時点で行なわれたことを表す時に用いる文型のことを言います。

過去形が「過去のある時点の状態・動作を表す」のに対し、**過去進行形は「過去のある時点における継続性のある動作を表す」**と、考えるとわかりやすいかもしれません。

ルールもいたってシンプルで、**「be動詞の過去形＋動詞ing」**が基本文型です。

例文を見てみましょう。

昨日の午後、私は映画を観ていました。
I was watching a movie yesterday afternoon.

ドアのベルが鳴った時、私は本を読んでいました。
I was reading a book when the door bell rang.

マナブはその時、音楽を聴いていました。
Manabu was listening to music then.

その電車は3番ホームに止まろうとしていました。
The train was stopping at Platform 3.

　ちなみに、過去形も過去進行形の使い方も「習う」よりも**「慣れる」**です。

　HAIKUメソッドを活用して、日本語をスリム化し、例文を作るようにしていけば、徐々にマスターできるようになるでしょう。

10年前 / あなたも私も / 学生でした

We were students ten year ago.

昨日 / 私は映画を / 観ていました

I was watching a movie yesterday.

われわれは / 昨日野球を / していました

We were playing baseball yesterday.

さらにTANKAメソッドを使ってもう1句。

今日1日 / どんな日だったか / 振り返る
本当にとても / 素敵な日だったな

I ask myself "How was your day?"
It was such a great day.

EXAMPLE

12 be動詞の過去形と過去進行形

われわれは昨日はとても忙しかった。
We were very busy yesterday.

彼は無一文だった。
He was broke.

素晴らしい1日だった。
It was a wonderful day.

私は昨日のお昼はテレビを見ていました。
I was watching TV at noon yesterday.

その飛行機は3番ゲートに止まろうとしていました。
The plane was stopping at Gate 3.

私は去年東京にいました。
I was in Tokyo last year.

彼らは昨日、疲れていました。
They were tired yesterday.

彼女はその時夕食を作っていました。
She was cooking dinner then.

最短でマスターしよう
⓭ 形容詞

形容詞は名詞の性質や状態を表す

　形容詞とは名詞を修飾する言葉で、**名詞の性質や状態がどのようなものかを表す**時に使います。

　たとえば、あなたが自己紹介の時に、**"I have a cat."** と言えば、「この人はネコを飼っているんだな」ということを相手に的確に伝えることができます。

　しかし、それだけでは、そのネコは何色をしているのか、大きいネコなのか子ネコなのか、相手にはわかりません。そのことをわかりやすく伝える時に形容詞を用いるようにするのです。

　その形容詞の使い方の１つに、名詞の前につける方法があります。

　猫 **"a cat"** という名詞に、白い **"white"** という形容詞をつけることによって、**"a white cat"**（白いネコ）と表すことができます。

　すなわち **"I have a white cat."** と言えば、相手は「この人は**白い**ネコを飼っているんだな」ということがわかるわけです。

　また、形容詞を２つ以上並べて使う方法もあります。

　あなたが飼っているネコが子ネコであれば、**"white"** の前に **"small"** をつけて、次のように表せばいいのです。

私は小さな白いネコを飼っています。

I have a small white cat.

感情表現もできる

さらに、形容詞を使えば、感情を表すこともできます。

ワクワクする試合でした。

It was an exciting game.

それは驚くべき知らせだった。

That was a surprising news.

"How was your day?"（今日はどんな1日でしたか？）という
質問に答える時も、前向きな感情を形容詞で表すことができます。

幸せな1日でした。

It was a happy day.

ラッキーな1日でした。

It was a lucky day.

実り多い日でした。

It was a fruitful day.

文末に持ってくることもある

　形容詞は名詞の前につける方法があるとお伝えしましたが、次のように文末に持ってくることもできます。

彼の話はとても面白かった。
His story was very funny.

この本は面白いです。
This book is interesting.

あなたはとても勇気があります。
You are so brave.

その川は深いです。
The river is deep.

素晴らしい天気でした。
The weather was beautiful.

基本的な形容詞を使うだけで十分伝わる

　形容詞というと、「膨大な量の単語を覚えなければいけないのかなあ」と思われる方もいるかもしれませんが、決してそんなことはありません。

　たくさん覚えようとしなくても、基本的な形容詞を使うだけで、相手と十分に意思疎通を図ることができます。

たとえば**good**という形容詞の単語。これを会話の内容に応じて使い分けるだけでも、いろいろなことを言い表すことが可能になるのです。

それはいい質問ですね。

That's a good question.

私はテニスが得意です。

I am good at tennis.

いい子だね。

You're a good boy.

この水は飲むのに適しています。

This water is good for drinking.

　それでは、この項の最後にHAIKUメソッドを使って、あなたにメッセージを贈らせていただきます。

難しく / 考えることは / ないですよ

Take it easy.

シンプルに / 表すことが / 大事です

It's important to make it simple.

EXAMPLE

13 形容詞が入ったフレーズ

絶好調です。
I've been doing great.

お会いできてうれしいです。
I'm happy to meet you.

今日は貴方をゲストとしてお迎えできてワクワクします。
It's exciting to have you as a guest tonight.

そのカゴの中に大きな赤い鳥がいます。
There is a big red bird in the cage.

この花は美しいです。
This flower is beautiful.

何か温かいものが飲みたいです。
I want to drink something hot.

その歌はとても人気がある。
The song is very popular.

彼女は小さい庭を持っている。
She has a small garden.

最短でマスターしよう
14 未来形

will の未来形には２つの文型がある

　過去のことでも現在のことでもなく、これから起こる未来のことについて話す時は、助動詞の **will** を使います。

　will の未来形には、「**will ＋ be 動詞**」の文型と「**wil ＋一般動詞**」の文型の２つがあり、未来の状態を表す時などは前者を用います。

私は来年40歳になります。
I will be forty next year.

２～３時間で戻ります。
I'll be back in a few hours.

　「**will ＋一般動詞**」の文型は、「～するつもりです」「～するでしょう」「～すると思います」といった不確定・未確定の予定や予測を表す時に用います。

あとで電話します。
I will call you later.

明日は雨でしょう。

It will rain tomorrow.

● will ＋ be 動詞
　→未来の状態を表す時に使う
　「〜になります」「〜します」
● will ＋一般動詞
　→不確定・未確定の予定や予測を表す時に使う
　「〜するつもりです」「〜するでしょう」「〜すると思います」

　ちなみに、否定文にする時は、**will not** を短くした **won't** を用いればよく、**"It will rain tomorrow."** を例に出すと、**"It won't rain tomorrow."**（明日雨は降らないだろう）となります。

　疑問文にする時は、主語と **will** を入れ替えればよく、**"Will it rain tomorrow?"**（明日は雨が降るかな？）と表します。

will は強い意志を表したい時に使う

　また、**will** には「意志」という意味の名詞もあり、強い決意を表したり、「必ずやるぞ」という気持ちを込めたい時にも用います。

　強い意志を表す時は、**I'll** のように短くしないで、**will** をしっかり発音することが大切です。

私はその企画のために全力を尽くします。

I will do my best for the project.

ご親切は決して忘れません。

I will never forget your kindness.

be going to 〜は確実な未来を表す時に使う

　未来形には、**be going to** を使った文型もあります。be going to は will と違い、**あらかじめ確定している予定を表す時に用います**。これが使い分けの大きなポイントです。

　新しい車を買います。
I'm going to buy a new car.

　もうすぐ引っ越します。
I'm going to move soon.

未来形の使い分けいろいろ

　未来形にはいろいろな形があり、「未来進行形」と言って、未来の行動や状態を予測して表すこともできます。

　明日の今頃は泳いでいるだろう。
I'll be swimming at this time tomorrow.

　また、時間が確定している未来のことは、現在形で表すこともできます。

　電車は10時30分に出ます。
The train leaves at 10:30.

　さらに、現在進行形で未来のことを表すこともできます。

来週日本を発ちます。

I'm leaving Japan next week.

このように未来形にはいろいろな形があります。

未来系の使い分けについては少し難しいので、詳しく知りたいという人は、まずは **will**（will + be動詞の文型と will + 一般動詞の文型）と **be going to** を使った基本形をマスターしたあとで他の本をあたってみてください。

EXAMPLE
14 **未来形が入ったフレーズ**

私たちは利益を生み出します。

We will generate profit.

明日が打ち合わせをするのにいいです。

Tomorrow will be fine to have a meeting.

私たちは明日ハワイに発ちます。

We are leaving for Hawaii tomorrow.

彼女は7月に出産予定です。

She's going to have a baby in July.

覚えておくと使えるフレーズ

ビジネスシーン

　自分と相手の間に通訳が入るとしても、ある程度、自分の考えや思いを英語で表現できるようにしておくと、事がスムーズに進みます。使用頻度の高い言い回しを覚えておくとよいでしょう。

スミスさんにお会いするために参りました。

I'm here to see Mr. Smith.

9時にお約束しています。

I have an appointment at nine.

メールをチェックしてください。

Please check the e-mail.

一緒に仕事をするのを楽しみにしています。

I look forward to working with you.

わが社は毎年新しいプロジェクトを立ち上げます。

Our company launch a new project every year.

ミーティングは朝8時からにスケジュールされています。

The meeting is scheduled at eight in the morning.

最短でマスターしよう
⑮ 動名詞と不定詞

「動詞＋ing」で「〜すること」の意味に

動名詞と不定詞——。どちらも中学校で習いましたが、忘れてしまった人もいるのではないでしょうか。

でも、心配はご無用。私は本書で難しい文法の解説をするつもりはまったくありませんので、どうかご安心ください。

まずは動名詞の説明から入りましょう。

動名詞とは、動詞に **ing** をつけることにより名詞化したもので、日本語でいう「〜すること」を表します。

見た目は進行形と同じ **「動詞＋ing」** と思ってください。

たとえば、歌うという意味の **"sing"** という動詞に **ing** をつけると **"singing"** になり、「歌うこと」という意味になります。

料理をするという意味の **"cook"** という動詞に **ing** をつけると **"cooking"** になり、「料理をすること」という意味になります。

そして、動名詞は次の例文にもあるように、**文の主語にもなれば、述語にもなる**という利点があります。

私は歌うことが大好きです。
I love singing.

学ぶことは楽しいことだ。

Learning is fun.

私の趣味は花の写真を撮ることです。

My hobby is taking pictures of flowers.

もうすぐお会いすることを楽しみにしています。

I'm looking forward to seeing you soon.

　歌うこと、学ぶこと、花の写真を撮ること……、どれもみんな「～すること」ですよね。
　動名詞は、以上のポイントをおさえておけば大丈夫です。

不定詞「to＋動詞」も「～すること」を表す

　動名詞と似たような働きをするのが不定詞。**「to＋動詞の原形」**で、同じく「～すること」を表します。
　これも例文を紹介しておきましょう。

学ぶことは楽しい。

It's fun to learn.

今日はやることがたくさんあります。

I have a lot of things to do today.

マナブはギターの弾き方を知っている。

Manabu knows how to play the guitar.

私にとって早起きは簡単なことです。
It's easy for me to get up early.

　これまた、どれも「〜すること」を表していますね。不定詞も、このポイントさえおさえておけばいいでしょう。

　この項の最後に、18世紀のアメリカの政治家ベンジャミン・フランクリンの名言を紹介します。

Early to bed and early to rise makes a man healthy, wealthy and wise.

　日本語に訳すと「早寝早起きは人を健康で裕福で賢くする」という意味になりますが、ここでも不定詞が使われているのがおわかりいただけると思います。

EXAMPLE
15 動名詞と不定詞が入ったフレーズ

私たちのために時間を割いてくださりありがとうございます。
Thank you for sparing your time with us.

百聞は一見にしかず（百聞は一見にしかず）。
Seeing is believing.

今日は何時に出かけますか？
What time are you going to leave today?

最短でマスターしよう
16 助動詞いろいろ

気持ちを伝える時には助動詞をプラス

　助動詞は「1つの助動詞＋1つの動詞」が基本文型。助動詞をつけることによって話し手の気持ちを伝え、動詞が本来持つ意味を変えることができます。

　can、**may**、**must**、**will**、**should** などがよく使われますので、それらが加わることによって、動詞の意味がどう変化するかについて見ていきましょう。

　会話の際、何かと使う頻度が多い **"can"**。

　❽（98ページ）でも説明しましたが、助動詞 **can** は、「〜できますか？」「〜してもよろしいですか？」という意味合いで使われることが多く、**can** を頭にもっていくと、次のような意味になります。

その写真を見せてくれませんか？
Can you show me the picture?

お水を一杯いただけますか？
Can I have a glass of water?

また、助動詞には過去形があり、助動詞 can の過去形は **could**。この **could を用いると、より丁寧な表現になります。**

お名前教えていただけますか？

Could I have your name, please?

ドアをおさえていてくださいませんか？

Could you hold the door for me?

will と may の使い分け

何か頼む時などは、**"Will you open the window?"**（窓を開けてくれますか？）といったように、助動詞 **will** を使います。

will の過去形は **would**。could と同じように、**would を使ったほうが、より丁寧な表現になります。**

窓を開けていただけますか？

Would you open the window?

手を貸していただけますか？

Would you please lend me a hand?

「〜してもいいですか？」と**許可を願い出る時**は、助動詞 **may** を使います。

質問してもいいですか？

May I ask some questions?

あなたの写真を撮ってもよろしいですか？

May I take a picture of you?

また、**may** には **"It may rain tomorrow."**（明日雨が降るかもしれません）といったように、「〜かもしれない」という**推量の意味**もあります。

mustとshould の使い分け

「〜しなければならない」という時は、助動詞 **must** を使います。

もう行かなくてはなりません。

I **must** go now.

ぜひ、わが家に来てください。

You **must** come to our house.

「〜すべき」「したほうがいい」という時は、助動詞 **should** を使います。

私たちのパーティーに来るべきです。

You **should** come to our party.

あなたは休暇をとるべきです。

You **should** take a vacation.

must は **should** よりも、さらに強制力のある表現と覚えておくとよいでしょう。

１つ助動詞を加えるだけで意味が変わるのは面白いですね。

助動詞の使い方や種類はまだまだありますが、今の段階で全部覚える必要はありません。

まずは、**can**、**will**、**may**、**must**、**should**の５つの基本的な使い方をマスターしておけばよいでしょう。

EXAMPLE
16 助動詞が入ったフレーズ

質問してもいいですか。
Can I ask you some questions?

（部屋に）入ってもいいですか。
May I come in?

喜んであなたをお手伝いします。
I **will** be glad to help you.

私は今日レポートを終わらさなければならない。
I **must** finish my paper today.

あなたはそのミーティングに参加すべきです。
You **should** attend the meeting.

最短でマスターしよう
17 比較表現

「AはBよりも〜」はこう表す

日本語に「AはBよりも優れている」「CはDよりもおいしい」という比較表現があるように、英語にも何かと何かを比べる時の表現があります。

いくつかある表現方法の中で最もポピュラーなのが、**比較したい単語（形容詞や副詞）の語尾に "er" をつける表し方**です。

たとえば形容詞 **tall**（背が高い）を使って、「マナブはケンより背が高い」ということを表したい時は、次のようにします。

Manabu is taller than Ken.

形容詞 **tall** の後ろに **er** がついて形が変わりましたよね。

以下に、他の例文も記しておくので参考にしてみてください。

このチョコレートは、あのチョコレートよりも甘い。
This chocolate is sweeter than that one.

太陽は月より明るい。

The sun is brighter than the moon.

マナブはケンよりも早く走れる。

Manabu can run faster than Ken.

この他、単語の前に **"more"** をつける比較表現もあります。**長めの単語には前に "more" をつける**と覚えておくとよいでしょう。

この文書は、あの文書より重要です。

This document is more important than that one.

この絵のほうがあの絵より美しい。

This picture is more beautiful than that one.

最上級「１番〜」の表し方

それでは、「１番〜だ」という最上級を表す時は、どうすればいいのでしょう。

これも表し方はいたってシンプルで、**比較したい単語（形容詞や副詞）の語尾に "est" をつける**ようにします。

マナブは家族の中で１番背が高い。

Manabu is the tallest in his family.

tall（高い）に **est** をつけることで、**tallest**（１番高い）になりました。これが最上級です。

また、tallestの前に **"the"**（下線箇所）がついています。なぜ、theをつけるかというと、 1番高いというのは 1つに限定できる からです。

「このコンピューターは、あのコンピューターより値段が高い」という時は、**"This computer is more expensive than that one."** と、そこには the はつきません。

しかし、「このコンピューターは、この店の中で 1番値段が高い」と表現する場合は **"the"** がついて、次のような形になります。

This computer is <u>the</u> most expensive in this shop.

同列「〜と同じくらい」の表し方

「〜と同じくらい」を表す時は、比較したい単語の前後に **"as"** をつけます。

私はあなたと同じくらいの身長です。
I am as tall as you.

このコンピューターは、あれと同じぐらいの値段です。
This computer is as expensive as that one.

「AはBよりも〜」を表す時は、比較したい単語の語尾に **er** をつける。もしくは単語の前に **more** をつける。

「1番〜だ」と最上級を表す時は、単語の語尾に **est** をつけるか、単語の前に **most** をつける。そして、その前に **the** をつける。

「〜と同じくらい」を表す時は、単語の前後に **as** をつける。

この3点をおさえておけば、比較表現はばっちりです。

あれこれと / 比べてみるのは / 楽しいな
It's fun to compare this and that.

EXAMPLE
17 比較表現が入ったフレーズ

料金をより多く払って、品質のよさを取ります。
We will pay a higher price and get better quality.

これは今まで私が持った最高の製品です。
This is the best product I've ever had.

このテレビがこの店で1番高価です。
This TV is the most expensive in the shop.

できるだけ早く医者を呼んでください！
Call the doctor as soon as possible!

彼女は実際の年齢よりずっと若く見えます。
She looks much younger than she really is.

彼は町で1番のお金持ちだ。
He is the richest in the town.

最短でマスターしよう
⑱ There be 動詞〜の文

There be 動詞〜は「存在」を表す

「〜に〜があります」「〜に〜がいます」と、何かが存在すること を説明する時に使うのが、**There be 動詞〜** の文型です。

英語の語順は「主語＋動詞」が基本であることは、本書の中で何 度かお伝えしてきましたが、**There is〜**（複数形は **There are〜**） は、人やモノや事柄の存在を示すための形式的な主語だと思ってく ださい。

さっそく例文を見てみましょう。

机の上に、本が1冊あります。

There is a book on the desk.

ソファーの上に犬が1匹います。

There is a dog on the sofa.

テーブルの上にコップが4個あります。

There are four cups on the table.

There be動詞〜を使う場面いろいろ

There be動詞〜は、地図や写真を示して説明する時にも使います。

角にレストランがあります。

There is a restaurant on the corner.

この街には大きな公園が2つあります。

There are two big parks in this town.

このへんにコンビニはありますか？

Is there a convenience store in this area?

また、目に見えないものを客観的に説明したい時にも使います。

私たちが成長するチャンスがあります。

There is a chance for us to grow.

私たちの人生にはいくつかのストーリーがあります。

There are stories in our lives.

何か問題がありますか？

Are there any problems?

解決方法はありますか？

Are there any solutions?

過去のことを表す時は、be動詞の部分を過去形にします。

それは長い道のりでした。
There was a long way to go.

空に大きな虹がありました。
There was a big rainbow in the sky.

助動詞と組み合わせることもできます。

この箱の中には何か特別なものが入っているに違いない。
There must be something special in this box.

HAIKUメソッドを使って
There be動詞〜の活用練習を

　この **"There be動詞〜"** の文型は、実はHAIKUメソッドとも相性がいいので、「〜があります」「〜はありますか？」ということを表す時は、一度HAIKUメソッドで日本語をスリム化してから活用することをおすすめします。

テーブルに / りんごが2つ / 置かれてる
There are two apples on the table.

このへんに / ドラッグストアは / ありますか？
Is there a drugstore in this area?

日本語が / 話せる人は / いませんか？

Is there anybody who can speak Japanese?

空には / 大きな虹が / 出てました

There was a big rainbow in the sky.

　どれも **There be動詞～**（疑問文は **Be動詞 there ～?**）から始まるので、いったんコツをマスターしてしまえば、パッと英語のフレーズが口から出てくるようになるでしょう。

EXAMPLE
18 **There be動詞～が入ったフレーズ**

意志あるところに道あり（精神一到何事か成らざらん）。
Where there is a will, there is a way.

幸せになる方法はたくさんある。
There are so many ways to be happy.

たくさんの人がそのセミナールームにいました。
There were so many people in the seminar room.

その部屋には少年がいました。
There is a boy in the room.

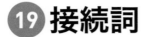

最短でマスターしよう
19 接続詞

and、but、or の使い方をマスターしよう

　日本語では、言葉をなめらかにつないだり意味をわかりやすくするために、「ですから」「だって」「でも」といった接続詞を普通に会話の中で使いますが、それは英語においても同じです。

　接続詞は、電車と電車の連結のように、単語と単語や、文と文をつなぐ役割をしてくれます。
　接続詞には、**and**、**but**、**or**、**yet**、**so**、**for** など、たくさんの種類がありますが、まずは **and**、**but**、**or** の使い方を覚えておくと便利です。

　and には、「〜と〜」「そして」「および」「ならびに」という意味があり、以下のような時に使われます。

テーブルの上にりんごとバナナがあります。
There are some apples and bananas on the table.

太陽は昇っては沈みます。
The sun comes and goes.

butは、「しかし」「でも」「だけど」という意味で、逆接のニュアンスを表す時に使います。

肉は好きですが、魚は好きではありません。

I like meat but I don't like fish.

雨が降っていたけれどサッカーをしました。

It was raining but we played soccer.

覚えておくと何かと便利な接続詞いろいろ

この他にも、覚えておくと何かと便利な接続詞を、使う時と合わせて、いくつか紹介しておきましょう。

● or ‥‥‥「または」「あるいは」と言う時

お茶かコーヒーをいかがですか？

Would you like tea or coffee?

雨が降っても晴れても行きます。

I will go rain or shine.

● because ‥‥‥理由を述べる時

歩くのが好きです。なぜなら気分がスッキリするからです。

I like walking because it's refreshing.

忙しいので来られません。

I can't come, because I have a lot of things to do.

●so ……「だから」「それで」と言う時

空がきれいだったので、写真をたくさん撮りました。

The sky was beautiful, so I took many pictures.

疲れていたので、タクシーを使いました。

I was tired, so I took a taxi.

●If ……「もし〜だったら」と言う時

明日、晴れたら泳ぎに行きます。

I will go swimming if it is sunny tomorrow.

今、お忙しいようなら、あなたのお手伝いをします。

If you are busy now, I will help you.

●when ……「〜の時」と言う時

暇な時はギターを弾きます。

I play the guitar when I am free.

10歳の時、私はハワイに住んでいました。

When I was 10 years old, I lived in Hawaii.

●that ……「～ということ」と言う時

われわれが勝つことを信じています。

I believe that we will win.

ちなみに、この**that**は省略できるため、**"I believe we will win."** と表すことも可能です。

EXAMPLE
⑲ 接続詞が入ったフレーズ

うれしくもあり、同時に悲しくもあります。
I feel happy and sad at the same time.

私は野菜は食べますが、肉は食べません。
I eat vegetables but I don't eat any meat.

予定が合えば一緒にランチしよう。
Let's have lunch together if you have time.

起きた時、雨が降っていました。
It was raining when I got up.

最短でマスターしよう
⑳ 前置詞

前置詞の使い分けいろいろ

　前置詞は短い単語ですが、その働きはとても大きいものがあります。イメージ、ニュアンス、位置関係、方向性などを表す役割を果たしてくれるからです。

　ただ、前置詞には、**on**、**in**、**at**、**from**、**to**、**for**、**of**、**into**、**around**、**among** など、数が膨大にあります。

　そこで、どういう時に、どの前置詞を使えばいいのか、ここでは最低限マスターしておいたほうがいいものを、例文を交えながら紹介しましょう。

●**on** ……何かにくっついている、接しているイメージを表す時

テーブルの上にリンゴがあります。

There are some apples on the table.

壁に絵があります。

There is a picture on the wall.

また、曜日や日にちを表す時にも使います。

月曜日にミーティングがあります。

We have a meeting on Monday.

お正月に神社に行きます。

We visit shrine on New Year's holiday.

● in ┈┈広がりのある空間の中に「ある・いる」イメージを表す時

私たちは東京に住んでいます。

We live in Tokyo.

私たちは雨の中を歩きました。

We walk in the rain.

● at ┈┈場所や時間の、ある1点を示す時

家にいてください。

Stay at home.

電車は8時に着きます。

The train arrives at eight.

●under ……何かの下にあるイメージを表す時

椅子の下にペンを見つけました。

I found my pen under the chair.

何もかも全てがうまくいっている。

Everything is under control.

●to ……目的やどこかに着く（行く）イメージを表す時

生活するために働きます。

We work to make a living.

私たちは公園に行きました。

We went to the park.

●with ……誰かや何かと一緒にいるイメージを表す時

マナブは友人と一緒に働いている。

Manabu works with friends.

今朝、犬と散歩しました。

I took a walk with my dog this morning.

●from ······場所や時間など、ある起点からのイメージを表す時

ここから事務所まで10分かかります。

It takes ten minutes from here to the office.

ケンは日本の出身です。

Ken is from Japan.

●for ······目的や対象を求めたイメージを表す時

これをあなたにあげます。

This is for you.

私は電車を待っています。

I'm waiting for the train.

まずは以上に挙げた前置詞の使い方から覚えてみましょう。

いったんマスターしてしまえば、英語を話すのが楽しくなりますよ。

いろいろな / 前置詞楽しく / 使います

I enjoy using many kinds of prepositions.

20 前置詞が入ったフレーズ

私たちと話すために、時間を作ってくださりありがとうございます。
Thank you very much for making time to talk with us.

駅でお会いしましょう。
We'll see you at the station.

これはあなたにです。
This is for you.

私はアメリカ出身です。
I'm from America.

私たちは輪になって踊りました。
We danced in a circle.

テーブルの上におもちゃがたくさんあります。
There are many toys on the table.

バターは牛乳から作られる。
Butter is made from milk.

公園にいきましょう。
Let's go to the park.

あなたはこの仕事を正午までに終えなければなりません。
You must finish this job by noon.

最短でマスターしよう
㉑ 受動態

「〜される」「〜された」を表す受身形

　21文法のラストを飾るのは受動態です。受動態とは日本語でいうところの「〜される」「〜された」を表す文型のことで、受身形とも呼ばれています。

　たとえば、**"I opened the door."**（私はドアを開けました）に対して、**"The door was opened (by me)."**（そのドアは私によって開けられた）という表現がこれに当てはまります。

　日本語にすると、ちょっと不自然ですが、誰が行なったかよりも、**主語がどうなったかに焦点を当てている**のが特徴です。

受動態は「be動詞＋動詞の過去分詞形」

　受動態の文型は**「be動詞＋動詞の過去分詞形」**で成り立っています。

　動詞の過去分詞とは、動詞の変化形の1つで、次ページにある表の右端の単語がこれに当てはまります。

　ここで注意を払っていただきたいのは、動詞の過去分詞形は過去形と同じ場合と、違う場合があるということです。

　表にもあるように、動詞**open**の過去分詞は**opened**で、過去

形と同じ形です。

　ところが同じ動詞でも、**write** の過去形が **wrote** なのに対し、過去分詞は **written** になります。

	現在形	過去形	過去分詞形
開く	open	opened	opened
書く	write	wrote	written

　したがって、「この本はマナブによって書かれました」という時は、**"This book was written by Manabu."** と表し、**written** という過去分詞形を用いることがポイントになるのです。

　否定文も同じで、次のようになります。

この本はマナブが書いたものではありません。
This book was not written by Manabu.

　また、ちょっと複雑になりますが、受動態は助動詞と一緒に使うこともできます。

マナブからこの本を貸してもらえます。
The book can be borrowed from Manabu.

その動物園では大きなライオンを見ることができます。
Big lions can be seen in the zoo.

日本語の「驚いた」は、英語で言うと「驚かされた」

　受動態は「〜される」「〜された」以外にも、心理状態や感情を表す時にも使います。

　たとえば、日本語では「その知らせに驚いた」と言っても、英語では次のように「その知らせに驚かされた」という表現になります。

　その知らせに驚いた。

I was surprised to hear that.

　「ワクワクしている」という感情も同様です。ワクワクしている状態は、何かによって「ワクワクさせられている」という心理状態に他ならないため、英語で表すとこうなります。

　ワクワクしている。

I am excited about it.

　では、次の英文はどうでしょう。

　私は日本生まれです。

I was born in Japan.

　直訳すると、「私は日本で生まれさせられました」になり、やはり受動態になっています。

　でもこれも、自主的に日本に生まれたのではないというニュアンスで考えると、なんとなく腑に落ちるのではないでしょうか。

EXAMPLE

21 受動態が入ったフレーズ

私は日本で生まれ育ちました。
I was born and grew up in Japan.

バターは牛乳からできています。
Butter is made from milk.

彼女は芸術家と結婚している。
She is married to an artist.

彼は新しい仕事に満足している。
He is satisfied with his new job.

私はその知らせにショックを受けた。
I was shocked at the news.

ドアは9時に開けられました。
The door was opened at nine.

その寺は700年前に建てられました。
The temple was built about 700 years ago.

彼の名前はそのリストに載っていた。
His name was found on the list.

COLUMN

覚えておくと使えるフレーズ

気分を高めたい時

　自信を持って英語を話すためには、自分自身を励ますようなセルフトークも大切。英語で口にしてみるだけで、ポジティブな気持ちになってくるでしょう。

　英語を通して、あなたの人生がより一層、輝かしいものに変容することを祈っています。

きっとできる。

I'm sure I can do it.

すべてうまくいく。

Everything will go well.

未来は明るい。

The future is so bright.

あなたならできる。

You can make it.

自分を信じて！

Believe in yourself!

「21文法」でプラスの
連鎖を起こそう

「21文法」をマスターすると会話に自信が持てる

　21文法の話は以上でおしまいですが、いかがでしたか？

　中学校で習ったことを、おぼろげながらも思い出してくださった
のではないでしょうか。

　ただ、この章の冒頭でもお伝えしたように、本書は文法をテーマ
にした本ではありません。

　中学2年生までに習う文法のうち、おさえておけば会話には困ら
ないであろう21種類を厳選して紹介しています。

　したがって、すべての文法をカバーしているわけではありません。
いかに英会話へのハードルを低くするか、という部分にポイントを
置いているからです。

　文法の詳しい解説は他書に委ねるとして、本書では「文法はだい
たい理解しておいてもらえたら十分」というスタンスでいます。

　ですから、細かい部分はあまり気にしないで、ほんの少しだけ文
法を意識しながらリラックスして英語を口にしてもらえたらと思い
ます。

そうすれば、自分の思いを相手に伝えることができますし、思いが伝われば、相手も返事してくれるようになります。

すると、それが自信につながります。**自信がつけば、自分から外国人に話しかけることへの抵抗感が減り、「プラスの連鎖」が起きるようになります。**

これが何よりも、英語をペラペラしゃべれるようになるための1番の近道なのです。

場数を踏んでメンタル強化

また、英語を話すハードルを下げる他の方法として、この章を読み終えたら、「文法についてはひと通り学んだ」と信じるようにしてみてください。

「自分は文法を多少マスターしたから自信がある。だから英語が話せる」と自分に暗示をかけることで脳を錯覚させてしまうのです。すると、ある程度自信を持って英語を話せるようになるはずです。

実は、この"自信"がものすごく大切です。自信がないと、人前で英語を話すモチベーションが湧いてこないからです。

もしあなたが車を運転する人ならば、免許を取ったばかりの頃を思い出してみるとわかりやすいと思います。

免許を取った時、「車の運転のことについて、ひと通り学んだ」という自信を持ったと思いますが、その後、運転をする時に教習所でもらった運転マニュアルをいつも読んでいたでしょうか?

そんなことはありませんよね。最初のうちは戸惑いながらも、実際に車に乗って道路を走行することで、だんだんと自信がついていき、運転がうまくなっていったのではないでしょうか。

文法も似たようなところがあります。**ひと通りインストールしたら、あとは実際に話すことが大切**で、それが自信につながって表現することがいっそう楽しくなっていくのです。

自信が持てるだけで人はここまで変わる

知人の男性は、大の旅行好きで、コロナ前は年に数回ほど奥様と海外旅行に行っていたのですが、1つだけ悩みがありました。

それは英語が苦手で旅先で何かと不自由な思いをすること。

そこで、HAIKUメソッドを使って、日本語をスリム化させたうえで、21文法を有効に活用することにしたそうです。

彼は **There be動詞〜** で始まる文法（142ページ参照）に着目。海外に行くと、ことあるごとに次のフレーズを口にしたと言います。

日本語が話せる人はいませんか？

Is there anyone who speaks Japanese here?

レストランでメニューを見せられても、どんな料理なのかわからない。お店で買い物する時も、こちらの要望がうまく伝えられない。日本語が話せる人がいれば、これらの悩みも解消されるに違いない——。そう踏んだそうです。

その結果、彼の判断は大正解。**"Is there anyone who speaks Japanese?"** と言えば、たいていは日本語が話せる人が来てくれて、レストランのオーダーや買い物がスムーズにいくようになったというのです。

　これが自信につながったのでしょう。彼は旅行に行くと、現地の人に対して、**"is there"** を駆使して、次のようなフレーズを自分から積極的に投げかけるようになりました。

このあたりにコンビニはありますか？
Is there a convenience store in this area?

このあたりにタバコが吸える場所はありますか？
Is there a smoking area around here?

　すると、ますます自信が持てるようになり、海外旅行に行った時、最低限困らないだけの英語がしゃべれるようになったらしいのです。

　ほんの少しでもいい。文法を活用すれば、相手に自分の思いを伝えることができたり、コミュニケーションを図ることができる。
　それによって自信が持て、自分から積極的に外国の人に話しかけられるようになる──。

　この話はその好例と言っていいでしょう。

　さあ、次は、いよいよあなたの番です。英語が苦手な人も、すっかり忘れてしまったという人でも憂うことはありません！
　自己紹介の時に、外国の人との会話に、そしてビジネスに、HAIKUメソッドで日本語をスリム化したうえで、21文法を役立ててみてください。

初めのうちは抵抗を感じたり、戸惑うこともあるかもしれません。
　でも、先述したように、英語に不慣れな日本人が英語を口にするというのは、赤ちゃんが言葉を発しているようなもの。

　だから、「うまくしゃべれなくて当然」程度に思って、リラックスしてしゃべってみてください。
　これを１カ月、２カ月と続けたら、あなたの英語力はみるみる上達し、人生に「プラスの連鎖」が起こるに違いありません。

リスニング力が
加速度的に上達する
ちょっとしたコツ

聴き取れる言葉が、話せる言葉になっていきます。
耳だけでなく目も働かせて、雰囲気やジェスチャー
からも、相手の言っていることを推測しましょう。
本章では、聴き取り力を伸ばすコツを紹介します。

ヒアリングとリスニングは、ここが違う

ヒアリングは聞く、リスニングは聴く

　前章では21文法のおさらいをしましたが、本章ではリスニングのポイントをご紹介します。

　英語の発音と日本語の発音はだいぶ違います。周波数の違いが関係しているのでしょう。

　そのため、日本人は英語の聴き取りがどうも苦手に思えます。

　しかし、この問題も、いくつかのポイントさえおさえれば解決でき、リスニング力を加速度的に上達させることができるようになります。そのためには、**相手の言っていることをきちんと聴くクセをつけることが大事**になってきます。

　自然に入ってくる音を聞くのがヒアリング（**hearing**）。注意して耳をすます感じで聴くのがリスニング（**listening**）。

　「聞く」は受動的な姿勢、「聴く」は能動的な姿勢で、どちらも大切ですが、まずは後者の「聴く」こと、リスニングに意識を向けてほしいのです。

　言葉の音声だけではなくて、全体の雰囲気、ジェスチャー、目線なども確認して、**耳だけでなく目でも聴く**ようにすると、より聴き取りやすくなるでしょう。

イントネーションとアクセントに注意

　次に大事なのは、音声言語の上がったり下がったりといった高低パターンを表すイントネーション、そして単語単位の発音の強勢を表すアクセントです。

　活字で表すのは難しいのですが、**イントネーションやアクセントに注意を払うことによって、相手の思いや感情といったものが汲み取れる**からです。

　「そうなるためには特殊な訓練が必要になるのでは？」と思うかもしれませんが、決して難しいものではありません。

　いろいろな音声を聴くことによって、自然と身についていくので、自分の好きな音源を見つけて、どんどん聴いてみるといいでしょう。

　映画もいいですね。言葉の意味はわからなくてもいいので、音声のイントネーションやアクセントだけに注目して、まずはリスニングから始めてみてはいかがでしょうか？

　気をつけてよく聴こうと思った部分、たとえば映画の主人公が話す時だけは、しっかりと耳を傾けるようにする。そして、印象に残ったセリフなどは真似をして口に出してみる。

　こうすることによって、聴く力がだんだんと養われるようになります。「聴く言葉」が「話せる言葉」になっていきます。

　さて、あなたはどの映画に出演するどの俳優の、どんなセリフが好きですか？　印象に残っていますか？

　そういうところからスタートして、アウトプット前提で、積極的なリスニングを心がけてみましょう。

リスニングは
チーズの穴のようなもの

100%聴き取ろうとしなくても大丈夫

　突然ですが、海外の絵本に出てくるような三角形で、あちこちに大きな穴の空いたチーズを思い浮かべることができますか？

　そう、エメンタールチーズに代表される西洋料理によく登場するあのチーズです。

　リスニングは、あのチーズの穴みたいなものと思えばいいでしょう。

　どういうことかと言うと、**人には空白（穴）を推測で自動的に埋めることができる素晴らしい能力が備わっている**ということです。

　普段行なっている、家族や気心の知れたお友達との日本語での会話を思い出してみてください。

　「ハワイに行ったら、またあのお店のパンケーキが食べたいなあ。ついでに、あのお店のハンバーガーも食べたいなあ」

　「ハワイと言えば、オーシャンフロントのホテルに一度泊まってみたいよね。昔、沖縄に行った時、ホテルがオーシャンフロントで感激しちゃって……」

　このように、決して理路整然と話してはいないと思います。

　省略したり、話が飛んだりして、まるで穴あきチーズのようです。

　でも、ベースになる情報（この例文で言うとハワイ旅行）を共有していれば、ましてや相手との関係が近ければ近いほど、細かい説明は不要になります。

　英語もまったく同じです。相手が何を言いたいのか、おおよそのことが理解でき、ベースとなる情報が共有できれば、それでいいのです。

　だから、**100パーセント完璧に聴き取れなくてもいいのです。**

キーワードを見つけることが
リスニング上達につながる

　日本語は情緒的で、あいまいな表現が多いところがあります。

　それに比べて、英語はもっと理詰めで説明的で、あいまいな表現よりはっきり明快な表現が多いのが特長です。

チーズの
話だ！

要するに、英語では、はっきりとしたキーワードが話されていることが多いのです。

　そういう理由から、英語を聴く時は、穴（聴き取れない箇所）があったとしても、「キーワードは何か？」に敏感になり、それを発見することがリスニングが得意になる１つのコツです。

　キーワードの見つけ方も、決して難しいものではありません。
　キーワードは、相手が繰り返し述べていたり、強調するなど強く発音されることが多いので、音の強弱に耳を傾けるようにすれば見つけやすくなるでしょう。

わかったふりは禁物

2通りの聴き返し方がある

外国の人と会話したけれど、相手の言っていることがちんぷんかんぷん。何を自分に伝えたいのか、さっぱりわからない──。

そういう時、わかったふりをするのは禁物です。

わかったふりをすると、相手は「この人は私の話を理解しているようだから、もっといろいろなことを話しかけよう」と考え、さらにいろいろなことを口にしようとするからです。

そうなると、相手の言っていることが、ますますわからなくなってしまいます。

ここで遠慮をしてはダメ。相手の言うことがわからない時は、ためらわず、その場で聴き返しましょう。

その場合、まず2通りの聴き返し方を覚えておくと便利です。

まず、相手の名前や出身地や職業など、一言、二言を聞き逃したような時は、**Sorry?** と聴き返すのが便利です。

次に、長々としゃべっているけど、この人の言いたいことがよくわからない。全体的にもう一度丁寧に聴き返したい。そういう時は、**Would you say that again, please?** とたずねましょう。

> ●ちょっと聴き返したい時
>   →**Sorry?**
> ●全体的にもう一度丁寧に聴き返したい時
>   →**Would you say that again, please?**

　また、これも大切なことですが、**聴き返す時も、自分が話しやすい速さで、早口にならないように**しましょう。こちらが話す速さや、リズムによって、相手の話し方も変わる可能性があるからです。

　これはある意味、キャッチボールに似ています。球を速く投げれば、相手も球を速く投げ返しますが、自分がゆっくり投げれば、相手もゆっくりと投げ返してくれると思います。

リスニング名人の伊藤博文から学ぶ

　相手の話にわからないところがあったら、「それはこういうことですね？」「それはどういう意味ですか？」と、多少面倒でも**確認を取りながら聴く**ことも大事です。

　この芸当に長けていたのが、幕末から明治にかけて活躍し、初代の内閣総理大臣となった伊藤博文です。
　伊藤は若いころ、イギリスに留学したことがありました。
　当時、片言の英語しかしゃべれなかった彼は、ロンドンのレストランに入った時、店主から「今日はもう**fish and chips**しかないんだ。それでいいかい？」と言われたことがありました。
　「**fish**というのは魚のことだな。でも**chips**とは何だろう？」
　そう思った伊藤が「**chips**とは何ですか？」とたずねると、店主

が油で揚げたジャガイモを指さしたので、**fish and chips**という料理が魚とじゃがいもを揚げた料理であることが初めてわかったというのです。

　また、別のレストランで、「ウチのおすすめは**roast beef**だよ」と言われた時も、**roast**の意味をたずね、それが牛肉をあぶったり蒸し焼きにした料理であることが初めてわかり、以来、彼はローストビーフが大好物になったと言います。

　相手は何十年も英語を話すベテラン。こちらは初心者。そう思えば（相手にもそう思わせれば）、気兼ねなく聴き返せますし、「どういう意味ですか？」とたずねることもできます。
　また、何よりもリスニングが楽しめて経験値も上がるというものです。

相手のジェスチャーには「鏡の法則」

よりよいコミュニケーションを図るコツ

アメリカの自己啓発作家で世界ナンバーワン・コーチと言われるアンソニー・ロビンスは、「人は自分と"共通点がある人"のことを好きになる」と述べています。

ジェスチャーがまさにそうです。会話相手の身ぶり手ぶりを真似してみると、話の内容がよりよくわかると言われますが、それは**真似することでお互いの共通点を作る**ことに他ならず、それによって、よりよいコミュニケーションを図ることができるようになるからです。

と言っても、そんなに難しく考える必要はありません。

これを、外国の人から話しかけられた時の自分に置き換えて考えてみるとわかりやすいと思います。

たとえば、あなたが道を歩いていて、外国の人から「このへんにコンビニはありませんか？」とたずねられたとします。

その時、きちんとした英語が話せなくても、手の指で方向を示して「この道を左に行くとありますよ」みたいな仕草をしたことはありませんか。

すると相手もあなたと同じように、その方向を指さして **"Thank**

you very much.” と言ってきたりしませんでしたか。

　そう、その感覚でいいのです。
　相手が手を大きく広げたら、自分も同じように手を大きく広げる。そうすることで、相手の言おうとしていることが、理解できたりするものなのです。

復唱は相手の話を「聴いているよ」サイン

　また、ジェスチャーだけでなく、話す声の大きさやトーン・表情などを、まるで鏡のように相手に合わせると、それまでとは違う反応が返ってくるかもしれません。
　相手がちょっぴり大きな声で話しかけてきたら、自分も同じように大きな声で話しかける。相手が微笑んだら自分も微笑み返す。これもコミュニケーションを図るうえで有効です。

　なかでも私が推奨しているのが、相手の話をきちんと聴いていることを示すために、相手が話したことを復唱することです。

　これも難しく考える必要はありません。相手が話した言葉で印象的な単語を **“tonight”**（今夜ですね）、**“cancelled”**（キャンセルですね）、**“from Canada”**（カナダから来たのですね）といったように復唱すればいいのです。
　たったこれだけのことでも、**“I'm listening.”**（聴いていますよ）という思いを相手に投げかけることができ、リスニング、ひいてはコミュニケーション力のアップに一役も二役も買ってくれるに違いありません。

「ゆっくり・はっきり会話」で自分のペースに

相手の話すテンポに必ずしも合わせる必要はない

リスニングで1番大切なのは、まず相手の話によく耳を傾けることですが、さらにもう1つ心がけてほしいことがあります。

それは、必ずしも相手の話すテンポに合わせる必要はないということです。

相手のテンポに合わせなければ……と考えると、相手の言っていることがわからなくなり、次のような悪循環に陥ってしまう可能性があるからです。

相手の言っていることがわからない
→だから焦る→余計わからなくなる→余計焦る
→完全にわからなくなる→もうお手上げ状態……

では、この悪循環を根本から断ち切るためにはどうしたらいいのでしょう。そのためには、ペラペラと話そうとするのではなく、**自分のペースを大事に**して"ゆっくりはっきり"話してほしいのです。

最初のうちは、あの戦場カメラマンとして有名な渡部陽一さんのような話し方を見習ってほしいのです。

「ゆっくり・はっきり会話」を楽しもう

　実際、渡部さんは次のように述べています。

　「英語も日本語と同じように、ゆっくりはっきり話すようにしています。ゆっくりでも単語と単語をつなげていくと、相手は理解してくれます」

　「また、こちらがゆっくりはっきり話すようになると、相手も僕と同じようなテンポで英語を話してくれますので、お互いリズムがかみ合い、取材がしやすくなります」

　私も渡部さんとまったくの同意見。**自分がゆっくりはっきりと話せば、相手もゆっくりはっきり話してくれる確率が高まるため、そのぶん理解がしやすくなる**のです。

　さあ、あなたも「ゆっくり・はっきり会話」から始めてみてください。オンラインの英会話レッスンなどに申し込んで、定期的に先生と会話するのもいいでしょう。英語が話せる友達に、相手になってもらうのもいいでしょう。

　そして、それを存分に楽しんでください。話したい相手がいることが、英語を話すためのモチベーション・アップにつながります。

　そして、「ゆっくり・はっきり会話」をしていくうちに、いつの間にかリスニングが上手くなり、気づいてみれば、会話のテンポが速くなっている自分にビックリすることでしょう。

　"Slow and steady wins the race."（急がば回れ）です。

音の強弱のリズムに
敏感になる

英語には強弱のリズムがある

誰もが知っている **king of monster**、ゴジラ（**Godzilla**）。

外国の人がこの言葉を口にする時、「ゴジラ」ではなく、**「ガァドゥ ズィーラァ」** と言います。

そして、日本人が強弱をつけずに発音するのに対し、英語では 「ガァドゥズィーラァ」の **zi**（ズィー）の箇所を強く言います。

ハンバーガーでおなじみのマクドナルド（**McDonald**）も同じ です。日本人は強弱をつけずに発音しますが、英語では **McDonald** の **Do**（ダァー）の箇所を強く言います。

なぜ、こんな話をしたのかと言うと、**英語は強く言うところと弱 く言うところがはっきりしていて、強弱のリズムがある**からです。 これは日本語にはない大切な要素と言っていいでしょう。

音の強調箇所を意識するだけで聴き取りがラクに

Godzilla や **McDonald** の例にもあるように、リスニングの際 は、この音の強弱に敏感になっていただきたいと思います。

活字ではうまく表現できませんが、たとえば、
successful（サクセスフル）という単語は **ce**（セ）
qualify（クオリティー）という単語では **a**（オ）
password（パスワード）という単語では **pa**（パ）
が強調されます。

　聴き取れる範囲でかまいませんので、外国の人がこうした単語を口にした時、単語のどの部分（スペル）を強調したかを意識しましょう。

　英語の場合、文章の中でも強調したいところは強く発音し、その他のところは弱くなったり速くなったりする特徴があります。
　たとえば、**"I have a book."** という時、**ha**（ハ）と **boo**（ブッ）を強調します。
　"We had a good time." という時は、**ha**（ハ）と **goo**（グッ）を強調します。
　こうした文の発音の強弱に敏感になるだけでも、だいぶ聴き取りやすくなります。

　私自身、音の強弱を意識していなかった時は、英語が通じなかったり、聞き返されることがよくありました。しかし音の強弱に気をつけるようになってからは、英語のリズムが身についてきました。
　音の強弱はだいたい一定の間隔であらわれます。たとえば音楽が好きな人は、好きな英語圏のアーティストの歌を聴いて音の強弱のリズムを感じてみるといいかもしれません。歌詞を聴いていると、英語にある強弱のリズムがよくわかると思います。

聴き取れる英語を
ジャンジャン聴く

スタートはたくさん英語を聴くことから

　MISSION 1でもお話ししましたが、赤ちゃんは周りの大人たち
が話している言葉をたくさん聴いて言葉をインプットしていきま
す。私たちが英語を話す過程も似ています。まずは、たくさん聴い
てインプットすることが大切です。

　いきなり言葉を話せるようになる人はいません。映画や、実際の
英会話をたくさん聴くことで、リズムやイントネーションがわかる
ようになっていきます。そうやって聴いたことは、いつか話せるよ
うになる可能性が大です。

　聴き取れることは話せる証拠です。
　逆に、**話せることは聴き取れる証拠**でもあります。

　ですから、聴き取れる英語をたくさん聴いて、だんだんレベルアッ
プを図っていけばいいのです。

お気に入りの洋楽で聴き取りレッスン

　おすすめなのが、英語の歌詞がわかる洋楽を聴く方法です。

　文法中心に英語をマスターするのには、やや不向きな面もあるかもしれませんが、英語独特のリズムを身につけるのに、音楽はとても役に立つからです。

　私も最初はビートルズの歌で英語を覚えました。
　中学校の音楽の教科書に「イエスタディ」が載っていて、気に入って口ずさんだのが最初です。
　それからビートルズのファンになって、全ての曲の歌詞が書かれた本やＣＤを買って、歌いながら英語を覚えたものです。

　そのことを知人のＡさんという女性にお話ししたところ、なんと彼女もまた同じようにして英語をマスターしたと言います。
　Ａさんは、映画『サウンド・オブ・ミュージック』のマリア役で有名な女優ジュリー・アンドリュースが歌う、オーストリアの民謡「エーデルワイス」が大のお気に入り曲でした。
　暇さえあれば、それを聴き、歌詞を口ずさんでいくうちに、リスニングが次第に上達。海外の人と会話しても、パーフェクトまではいかないにせよ、聴き取りができるようになったと言うのです。

　実際に「エーデルワイス」の歌詞をご覧になると、あることにお気づきになると思います。
　そう、**どの節もシンプル**だということです。HAIKUメソッドのように、短い文をつなげています。
　いや、HAIKUメソッドそのものの節もあります。

　しかも、この曲は、私の好きなビートルズの「イエスタディ」同様、スローテンポなため、歌詞が聴き取りやすいという利点もあります。

さあ、あなたも歌詞に少しだけ意識を向けながら、お気に入りの洋楽をジャンジャン聴くようにしてください。
　好きな音楽で英語を覚えられたら楽しいですよ。

話し言葉になると変わる音

「書き言葉」と「話し言葉」の違い

前項で、英語の歌詞を口ずさみながら英語を覚える方法を紹介しましたが、口ずさんでいるうちに、「英語の綴りと発音する音がなんだか違う……？」ということに気づかれたかもしれません。

実は、英語は話し言葉になると音が変化することが多く、音と音とがつながってまったく違う音に変わってしまったり、単語のスペルの最後のほうの音が消えてしまったりすることがあるのです。

そのため、知っている単語でも違う音に聞こえることがあります。

たとえば、書き言葉で「**want to**（ウォント・トゥ）」とあっても、音がつながると「**wanna**（ワナ）」に変化して、まったく別の音になります。

私が大好きな **The Beatles**（ビートルズ）も、**Beatle**（ビートル）と聴こえることがしばしばあります。

このように英語は音が変化することが多く、音に集中して一語一句を聴き取ろうとすると、変化した音、消えた音に対応できなくて、何を言われているのかわからなくなることがよくあるのです。

音声変化にはパターンがある

　ただ、この音の変化にはパターンがあるので、一度わかれば、簡単に聴き取りができるようになります。ここではパターンを６つ紹介します。

●音がつながる変化
　例：**make up**（メイク・アップ）→（メイカップ）
　　　meet you（ミート・ユー）→（ミーチュー）

●単語がくっついてまったく別の音に変わる変化
　例：**going to**（ゴーイング・トゥー）→ **gonna**（ガナ）
　　　want to（ウォント・トゥー）→ **wanna**（ワナ）

●冠詞（a, the）、前置詞（at, in）、接続詞（and, but）などが弱く発音されて聞こえにくくなる変化
　例：**at noon**（アット・ヌーン）→（アヌーン）
　　　fish and chips（フィッシュ・アンド・チップス）→（フィッシュエンチップス）

●語尾の子音が発音されなくなる変化
　例：**about it**（アバウト・イット）→（アバウティ）
　　　Check it out!（チェック・イット・アウト）→（チェキラ）

●２つの単語がくっついて音が省略される変化
　例：**I am**（アイ・アム）→ **I'm**（アイム）
　　　He is（ヒー・イズ）→ **He's**（ヒーズ）

●子音 t がラ行やダ行に聞こえる変化
（アメリカ英語限定）

例： **right away**（ライト・アウェイ）→（ライダウェイ）

a lot of（ア・ロット・オブ）→（アラダ）

party（パーティー）→（パーリー）

water（ウォーター）→（ゥワラー）

　音の変化が理解できると、リスニング力がアップします。なるべく「音のかたまり」を意識して、理解できる表現を増やしていくとよいでしょう。

　ちなみに私はこの音の変化を、映画の台本を手に入れて、映画を観ながらマスターしました。映画が好きな人は、書店やネットからいろいろな映画の台本を手に入れて、名作を観てみるのも音声変化を知るうえで参考になると思います。

　また、DVDなどを家で観る時も、英語の字幕にして観てみるといいかもしれません。

　「音は変化するもの」とわかっていたら、聴き取れなくても、知らない言葉が出てきたわけではなく、「何か知っている言葉の音が変化したものかもしれない」「もしかしたら、こう言ったのかもしれない」と推測できるようになります。

英語をカタカナにして書き記そう

　もう１つ、英語の音の変化を知るためには、**耳で聴こえた発音をカタカナにして書き写す**のも方法です。

これを実際に行なった人が、幕末から明治にかけて英語の通訳や教師として活躍したジョン万次郎です。

　ジョン万次郎は元々漁師でしたが、強風のため漂流し、無人島に漂着。程なくして、アメリカの捕鯨船に救助され、アメリカ本土に渡ったという経緯がありました。
　当然ながら、彼にとってアメリカ人が話す英語は、まるでチンプンカンプン。

　そこでどうしたかというと、英語を自分なりに聴き取って、カタカナにして書き記し、そのまま発音することにしたというのです。**water**は「ワラ」、**cool**は「コール」、**Sunday**は「サンレィ」、**New York**は「ニュウヨゥ」といったように、英語の音の変化をそのまま取り入れたのです。
　そして、これらをベースにしてまとめた本が1859年に刊行された日本初の本格的英会話教本『英米対話 捷 径』です。

　カタカナで英語を表すのは賛否両論あるかもしれません。
　しかし、聞こえたままの音が再現できるなら、大いに活用すればいいと私は考えています。

リラックスして
耳と心をオープンに

コミュニケーションの大敵は緊張感

　リスニングが苦手な人に対し、私はよく次のようにアドバイスをすることがあります。

「会話をする前に、何回か深呼吸してくださいね」

「肩の力をできるだけ抜いてリラックスしてくださいね」

　そうすることで、緊張感が緩和され、不思議と英語もよく聴き取れるようになるからです。

　「うまく聴き取れなかったらどうしよう……」と心配しながら、緊張して会話にのぞむと、どうしても意識が自分に向いてしまいます。すると、どこか不自然な対応になってしまい、会話もぎこちなくなります。

　これは相手も同じで、どこか不自然さを感じるため、話も弾みません。結果、思うようにコミュニケーションが取れなくなってしまうのです。

　そうならないためにも、身体面だけでなく精神面においても、次のようなアドバイスをするようにしています。

「できるだけ心をオープンにしてくださいね」

心をオープンにすれば、見栄を張ったり、格好をつける必要がなくなるからです。「自分は英語の初心者なのだから、うまくしゃべれなくて当たり前」と、いい意味で開き直りの気持ちを持つことができます。

　つまり、**ありのままの自分で相手に接することができるようになるため、コミュニケーションが取りやすくなる**のです。

心を開くと相手の言いたいことがわかってくる

　また不思議なもので、心を開いて素直に自分を表現することができるようになると、相手の言っていることがわかるようになります。

　ジェスチャーのところで述べましたが、「この人はお蕎麦を食べたがっているみたいだ」「相撲観戦を望んでいるに違いない」といったように、言葉以外の声のトーンや身振り手振りなども含めて、**耳だけでなく目でも聴けるようになってくる**のです。

　すると、今度はおいしい日本蕎麦のお店や相撲のチケットの購入場所を教えてあげるなどして、自分からの発信も楽しめるようになります。さらに、相手が自分の発信に対して笑顔で感謝してくれたりすると、その場の雰囲気はますます明るく楽しいものになって、コミュニケーションがとりやすくなるでしょう。

　まずは、心をオープンにしてみてください。

　そして、リスニングが楽しめるようになったら、どんないいことがあるか、人生にどんな楽しみが待っているかを想像してみてください。

　少しでもうまく聴き取れるようになれば、今までより間違いなく英語での会話が楽しくなるでしょう。

「伝えたい」強い思いが力になる

英語力の9割は反骨精神で決まる

ここまでいろいろとお話ししてきましたが、みなさんは英語が聴き取れてペラペラ話せるようになるためには、どんなメンタルが必要になってくると思われますか？

これは私の持論ですが、ロック・ミュージックの根底にあるような"反骨精神"、言い換えると"熱い魂"を持つことが、とても大事になってくると考えています。

反骨精神や熱い魂は"心の若さ"とも解釈できますが、わかりやすく言うと、**「絶対に英語がしゃべれるようになる」「英語で相手に自分の気持ちを必ず伝えてみせる」**という強い思いです。

こう言うと、「日本人は英語なんか話さなくても生きていけるし、今の時代はAI翻訳機や、Google翻訳もあるから……」と考える人もいるかもしれません。

でも、AI翻訳機が発する言葉は、あなた自身の声でもなければ、あなたの感情が込もった思いでもありません。それもそのはず。AI翻訳機にはメンタルが備わっていないからです。

相手に届くように自分の思いを言葉で伝える

　たとえば、あなたがバックパッカーとして外国へ旅行に行き、財布を落としたとします。

　その時、日本語がまったくわからない現地の人に、「財布を落としてしまい、昨日から何も食べていないので、お腹がすいてたまらない」ということを伝えたいからと、AI翻訳機に任せれば、100パーセント自分の思いを伝えることができるでしょうか？　相手の心を揺り動かすことができるでしょうか？

　ちょっと難しいですよね。むしろ、警戒されるのがオチです。

　しかし、あなた自身が英語をきちんとマスターすることで、「昨日から何も食べていないので、お腹がすいてたまらない」という言葉を、感情を込めて自分の声で発することができれば、それは熱き魂となって、ストレートに相手の心に響きます。

　「そうか……。この人は昨日から何も食べていないのか……」

　「そりゃあ、お腹がすくに決まっている。かわいそうに。何とかしてあげよう」

　相手はそう考え、食べ物を分けてくれるかもしれません。

　どうしても、うまく話せない時や緊急時は、AI翻訳機の力を借りることも必要になってきますが、**大事な要点は生身の声で伝えること、自分自身の思いをそのまま表現するように努めること**です。この２つを意識するだけで、相手に、はるかに伝わるようになります。

　京セラの創業者・稲盛和夫さんも、講演や著書などで「本当に自分の意思を伝えようと思うのであれば、言葉に魂が乗り移っていかなければならない」と述べておられます。

　この姿勢が英語をマスターするうえでのメンタルの基本的な在り方なのです。

英語上達の秘訣は「やるしかない」の精神状態

　何が言いたいかと言うと、**ただ「話したい」という漠然とした思いだけでは、英語は上達しない**ということです。

　英語を話す以上、そこには必ず相手が存在します。つまり、人との関係性が根底にあるからこそ、英語がうまくなりたいという欲求が生じるのであり、それが英語の上達につながっていくのです。

　あるロック音楽専門誌の雑誌編集者も、昔、ビートルズのメンバーに会って、取材したいあまりに「やるしかない！」と奮起して英語の猛勉強をしたそうです。

　そして、実際に取材を行なってメンバーたちと意思疎通がはかれた時は、英語を話すことに自信が持てるようになり、人生の新たな1ページがバラ色の方向に開けていったとも言います。

　これは決して他人事ではありません。

　次に人生の新たな1ページをバラ色の方向に開いていくのは、あなたなのです！

英語を口にする機会を意識的に増やそう

　たとえば、英語力を上げる方法の１つとしておすすめしたいのが、外国人の恋人や友達を作って英語を話す機会を意識的に増やしていくこと。

　そうすれば、良好な関係を築こうと、英語を話すことに対して発奮せざるをえなくなり、「やるしかない」という精神状態になります。

　初めのうちはつたない英語であっても、「好きな食べ物（料理）は何ですか？」「趣味は？」「どんなところに旅行へ行きたいですか？」といった質問を投げかけていくうちに、会話の話題も増えていきます。

　文化の違いを学んだり、相手の国の情報を得たり、日本のことをいろいろ教えてあげたりすることもできます。

　こうしたやり取りを重ねていけば、親密度が増し、恋人や友達と会うのが楽しくなっていきます。

　それはとりもなおさず、自分の英語が上達した証でもあるのです。

　読者の中には、日本にいながら外国人の友達を作るにはどうしたらよいのか、英語を話す機会を持つにはどうすればよいのか、わからないという方もいらっしゃると思います。

　そんな時は、たとえば、海外の人も来ていそうな、自分の興味のある文化交流のパーティーやスポーツのイベントを探して参加してみてはいかがでしょうか。

　国際交流関係のコミュニティに参加するといった活動を通じて、友達ができるかもしれませんし、外国人の友達がいる知り合いに紹介してもらうのもいいかもしれません。

　近くに英会話カフェがあれば行ってみましょう。

　また、SNSでの交流を通じて、よいご縁があるかもしれません。外国の友達ができそうなグループに参加するのもおすすめです。

　勇気を出して、しゃべる機会を積極的に見つけましょう。

　最初はうまく話せなくても、前向きな気持ちを持ち続ければ、だんだん英語での会話に自信が持てるようになることでしょう。

間違えやすい
英語

「意味は通じるけれど文法的にちょっとおかしい……」
外国人から、そう思われないための注意点を
最後にお伝えします。

ケンブリッジ流英語
よくある10個の落とし穴

日本人が間違えやすい文法ベスト10

　長年にわたって日本人に英語を教えられ、この本の英語監修も務めてくださっているDavid Hunt（ディヴット・ハント）先生によると、日本人がよく間違える英文法が10個あると言います。

　この間違いは、外国人にまったく意味が通じなくなるというほどの致命的なものではありませんが、やはり正しいに越したことはありません。

　Hunt先生が教えてくださったことを、ベスト10形式で以下に紹介したいと思います。

　まずは✕の問題のある例文を一読してください。その例文を踏まえて、間違えやすい箇所について解説しています。
　解説に目を通したあとで、○の正しい例文を確認していただくと、理解が進むと思います。

　では、10位から順に、さっそく見ていきましょう。

動詞を抜かしてしまう

私は鹿児島出身です。昨年故郷に帰りました。

 I born in Kagoshima. Last year I back home.

　この例文のどこに問題があるかと言うと、動詞が抜けてしまっていることです。次のように動詞を入れるのを忘れないでくださいね。

be born（生まれる）
go back home（帰る）
be late（遅れる）

　したがって、正しい例文は次のようになります。

 I was born in Kagoshima. Last year I went back home.

 複数なのにsをつけ忘れる

清水寺は京都で1番美しいお寺の1つです。

 Kiyomizudera is one of the most beautiful temple in Kyoto.

一見、とくに問題がないように思えますが、**temple**のあとに続くはずの**s**が抜けています。

「複数あるものの中の１つ」であることを表す時は、複数であることをはっきりと示す必要があります。

ここでは、templeを**temples**という複数形にすることで正しい文章になります。

 Kiyomizudera is one of the most beautiful temples in Kyoto.

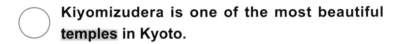 ### 第8位 やみくもにofをつける

多くの日本人はフィッシュ＆チップスが好きではありませんが、ほとんどの日本人は天ぷらが好きです。

 All of Japanese people don't like fish and chips, but almost Japanese people love tempura.

数をグループで言い表す表現はいろいろあります。たとえば**none**、**a few**、**many**、**one**などです。

その際、やみくもに**of**（〜の）を使えばいいというものではありません。**of**を使うか使わないかで意味が変わったり、文法が合わなくなることもあるからです。

したがって、正しくは次のようになります。

 Most Japanese people don't like fish and chips, but **almost all Japanese people** love tempura.

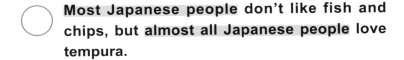

1つの単語を長めに表現しようとする

今日は会社の仕事がたくさんあった。

 I had **a lot of works at my company** today.

　この例文でも意味は通じますが、実はここにも落とし穴が存在します。それは **at my company** の箇所です。

　Hunt先生によると、「日本人の多くは **at my house**、**in my home**、**at my company**、**in my office** のように長めに表現しようとするが、**home** や **work** を単独で使ったほうが英語らしい場合もある」とのこと。

　したがって、正しくは次のようになります。

 I had **a lot of jobs at work** today.

主語が三単現の時、sを抜かしてしまう

彼は勉強していないから、試験に受かる見込みはない。

 He haven't got a chance of passing the exam, because he don't study.

　この例文のどこに問題があるか、おわかりになりましたか。

　90ページでもお伝えしたように、主語が三人称で単数、かつ現在のことを表す時は、**he is**、**he isn't**、**he has**、**he hasn't** といったように必ず**s**がついたり、**does**や**doesn't**がつきます。

　にもかかわらず、この例文にはそれが入っていません。**hasn't** が **haven't** に、**doesn't** が **don't** になっています。

　したがって、正しい例文は次のようになります。

 He hasn't got a chance of passing the exam, because he doesn't study.

 感情を言い表す動詞の形が好ましくない

英語の文法は難しい。時々すごく混乱してしまうよ。

 English grammar is difficult.
I am so confusing sometimes.

この例文は「すごく混乱してしまうよ」という人の感情を表した
ものなので、人が主語です。

「人がどう感じるか」という感情を言い表す動詞の語尾の形は、
基本的に **-ed** のような受動態にします。

-ing は物が主語の時に使うので、正しくは次のようになります。

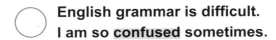

○ **English grammar is difficult.**
I am so confused sometimes.

 第4位 やみくもにpeopleを使ってしまう

彼はパーティーにひとりしか来なかったので慌てました。

× **Only one people came to his party, he was
so upset.**

上記の例文の過りは、**people** という単語を用いていることで
す。**people** は通常、複数扱いなので、ひとりの時は people では
なく **person** を使います。したがって、正しくは次の通りです。

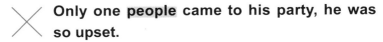

○ **Only one person came to his party, he was
so upset.**

名詞と動詞を混同する

お花見は中止です。明日は雨でしょう。

 Hanami is cancelled. Tomorrow it will be rain.

　この例文も一見して問題がなさそうに思えますが、**rain** という単語を名詞として使っているところが誤りです。

　確かにrainは名詞でもありますが、動詞として使うことが多いのです。水気のある天候、雪（**snow**）、にわか雨（**shower**）なども同様で、動詞として使われることが多々あります。

　したがって、正しい例文は次のようになります。

 Hanami is cancelled. Tomorrow it will rain.

 行き先が示されていないのに to を使う

生徒の娘さんがミャンマーに行きましたが、私は行ったことがありません。

 My student's daughter went to Myanmar, but I've never been to there.

　どこかへ行く時、前置詞のtoを使うと、そのあとに到達点である行き先の名詞が来ます。

しかし、**行き先が示されていなければ、to は不要**になります。
したがって、以下の例文が正解です。

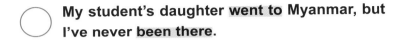

○ **My student's daughter went to Myanmar, but I've never been there.**

ちなみに、同じ理由で**「買い物に行く」**は、go to shopping とは言わず、**go shopping** です。shopping は場所の名前ではないからです。

第1位 やみくもに many や much を使う

大阪でたくさんお金を使い、たこ焼きをたくさん食べました。

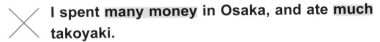

× **I spent many money in Osaka, and ate much takoyaki.**

「たくさん」を表す表現は多々ありますが、**many** や **much** は単独で使うことはあまりありません。**"not many"**、**"so much"**、**"too much"**、**"How much 〜 ?"** のように表します。
　したがって、こういう時こそ**"a lot of "** や **"lots of "** の出番で、正しくは次のようになります。

○ **I spent a lot of money in Osaka, and ate lots of takoyaki.**

英語を学んで何をしたいかを優先して考える

　最後までお読みいただき、ありがとうございます。

　いかがでしたか？

　僅かかもしれませんが、「英語を口に出してみようかな……」という気持ちになれたのではないでしょうか。

　そう！　初めのうちは、そんな気持ちでいいのです。そういう気持ちでいれば、だんだんと英語がうまく話せるようになって自信がついていくものなのです。

　今のあなたは、まったく英語ができないわけではないと思います。単語を例に出すと、中学校で学んだことも生かせるでしょうし、カタカナ英語もたくさんご存知のはず。

　スタート地点としては、それで十分です。

　それよりも、もっと大切なことは、これからは未来に向けて目的・用途別に英語を学んでください、ということ。

　「英語を学んでこれから何をしたいのか？」

　「どのレベルまで行きたいのか？」

　「そのレベルまで行くには、どんな単語を覚える必要があるか？」

　ということに、意識をシフトしていただきたいのです。

　たとえば、ハワイへ旅行に行きたければ、ホテルやレストランで一般的に使う単語を覚えれば十分ですが、外国のお友達と会話をし

たりメールでやりとりする場合は、新たな単語を覚える必要も出てくるでしょう。

世界を股にかけて活躍するビジネスマンになりたければ、商談などでよく使われる単語を覚える必要があるでしょうし、株式投資をするのであれば株式投資に関する単語を覚える必要があります。

つまり、これからのあなたは今までの学校の勉強と違って、無理してたくさんの単語をマスターする必要はなく、なりたい自分と照らし合わせながら、自分にとって必要な、覚えなければならない英文や単語を最小限に激減させて、それをマスターすればいいのです。

自分の無限の可能性を信じよう

多くの人は何かできないことがあると、できない理由に目を向け、「もう歳だから」「忙しいから」などと何かのせいにしようとします。

ところが、成功する人、夢をかなえる人は違います。

どんなに条件が悪くても、心のベクトルを収束させ、夢を実現するために、無限の可能性を秘めたパワーを積極的に活用しようとします。

英語もまったく同じです。話せない理由に目を向けるのではなく、無限の可能性に目を向け、自分の力を信じてほしいのです。

そして、その力を引き出すために、"英語が望みのまま話せる状態"を、ありありとイメージしてほしいのです。

大切なのは、この先、英語を自由に操る"なりたい自分"をイメージして、必ずそうなると信じること。

これに優る未来航海に向けての羅針盤はないのです。

少し長めの謝辞

踏み出せない私に自信をくれた2人の恩人

　本書を執筆中、うまく書けた時はうれしかったですが、思うように書けない時は、自信を失いかけ、「私には本を出す資格などないのかもしれない」というネガティブな思いに駆られることが一度ならずありました。

　そんな時、「大丈夫！　澤さんなら書けます」と言って励まし続けてくださったのが、本書の監修者の稲村徹也さんでした。
　実際、書き続けていくうちに、「ここはこう表現しよう」といった創意工夫がこらせるようになり、その積み重ねが自信につながったのは確かです。
　その意味で、本書は稲村さんのおかげで出版できたと言っても過言ではありません。

　おかげと言えば、もうひとり、本書の推薦文を寄せてくれたロバート・G.アレン氏にも感謝しないではいられません。
　ロバート・G.アレン氏は、私が通訳、翻訳の仕事を本格的に目指すきっかけを与えてくれたビジネス書の著者でもあります。

　これまでに私が影響を受けたビジネスバイブル書籍は3冊あります。ビジネスマンで作家のロバート・キヨサキ氏の著書、世界3000万部のベストセラー『金持ち父さん貧乏父さん』（筑摩書房）。そして、キヨサキ氏の師匠、ロバート・G.アレン氏の著書『日本人のためのお金の増やし方大全』『幸せをつかむ「4つの地図」の歩き

方』（ともにフォレスト出版）です。

　これらを読んで、将来の私の夢は、「一流の方々とビジネスをしたり、通訳、翻訳をすること」になりました。

　詳細は紙面上割愛しますが、稲村さんの主催するイベントで思いがけずロバート・G.アレン氏の通訳・翻訳をさせていただけることになり、幾度かの経験を通して、私は現在、彼の専属通訳になることができました。この経験を通して実感したことがあります。

　それは、必ず人にはチャンスが来ますが、その時に準備ができていて行動できる人にしか成功は掴み取ることができないということです。

恐れず自信を持って一歩前へ踏み出そう

　当時の私は、ビジネス英語と縁がなく、未知との遭遇でした。そのため躊躇して、「私の英語では太刀打ちができない。辞めるなら今しかない……」と思っていました。

　そんな時、ロバート・G.アレン氏は、私の心境を悟ってか、こう言いました。

「まず、目を閉じて、リラックスをしてください。

　そして、私、ロバート・G.アレンのように、堂々と話をしながら、ただ、日本語で訳してください。

　あなたの自信はどこにありますか？　そこに手を当てながら、昔、自信を持っていた時のことを思い出してください。

　その時のように、私の通訳をしてください。

　自信を持って、勇気を持って飛び込んでみてください。新しい境地に踏み込んでください」

この言葉が、私を自由にしてくれました。

みなさんも、どうか恐れないでください。

勇気がもらえるアレン氏からのメッセージ

　ここで、ロバート・G.アレン氏からいただいた格言をいくつか紹介します。

The cost of fear is expensive!

恐れは高くつく。

Everything you want is just outside of your comfort zone.

望むものはすべてコンフォート（安心、快適）ゾーンのすぐ外にある。

　結果を得るためには、まずは小さな成功から勝ち取ってください。

Success is done in small wins.

成功は小さな勝利によって為される。

Taking no action weakens faith.

行動を起こさないと信念が弱まります。

Excuses are just lies that we tell ourselves!

言い訳とは、われわれが自分自身につく嘘である。

　だからこそ、

You don't have a message. You are the message.

あなたがメッセージを持っているのではなく、あなたがメッセージそのものなのです。

みなさんも、自信が無くなったり勇気が必要な時は、私がロバート・G.アレン氏からかけてもらった、これらの言葉を思い出してみてください。

周囲の助けに感謝。みなさまのご活躍を願って

いま改めて思うのは、ロバート・G.アレン氏にビジネス成功の極意を教えていただいたり、稲村氏に専属通訳を頼まれて務めさせていただくというご縁がなければ、この本は生まれなかったということです。

また、友人であり英語監修者のディヴット・ハント氏にも、改めて感謝いたします。

こうして出版することができたのは、多くの関係者の方々、そして励ましてくれた家族、友人の助けや支えがあったからこそです。

私が、この書籍でみなさんにお伝えしたいことは、一生の武器として英語を学び、自信を持って実践していただきたいということ。

そして、楽しく人生を生きていただきたいということです。

そうすることで、日本でしかできなかったことが、世界という舞台で実現できるようになり、グローバルに活躍することができるようになるからです。

ぜひ、英語を積極的に口に出していただきつつ、一歩前へ進んで、世界へ羽ばたいていっていただけたらと思います。

　本書を読んで、英語での自己表現をもっと楽しんでもらえたら大変うれしいです。
　そして、文法に対する苦手意識が少しでもなくなったり、自己紹介をシンプルな英語で言えるようになっていただけたら幸いです。

　これからも、より多くの人たちに英語を話すことの楽しさ、そして英語を話すことで広がる可能性をお伝えしていきたいです。

　学ぶことに終わりはありません。
　私も、まだまだ学ぶことばかりです。これからもより成長していくために、私自身も精進を重ねてまいります。

　いろいろな人生の体験や経験を通して、私は現在こうしてプロフェッショナルな通訳、翻訳家となっていますが、この書籍をきっかけにして、ひとりでも多くの方に、英語を話すことって楽しい！と感じていただけることを願っています。

　近い将来、世界を股にかけて活躍しているあなたにお会いできることを楽しみにしながら……。

Good luck!

さいごに

　本書を手に取っていただき、ありがとうございます。

　この書籍は、私が手塩にかけた書籍でしたが、人生で最も忘れられない書籍であり、後にも先にも、人生で最もインパクトがある書籍となりました。

　2021年8月5日の午後14時17分。

　突然、電話が鳴り響きました。

　長い着信でした。

　それは旦那からの大声の電話で、私の人生を大きく試すことになる電話でした。

　その時、私は、この書籍の最後のチェックをしながら打ち合わせをしていました。

　「家が火事だ!!　早く家に行け!!」

　慌ててすぐ駆けつけたものの、時は、すでに遅し。

　自宅が全焼で、大切なひとり息子を……。

　私のすべてを亡くした日でした。

　息子と一緒に、この本の出版を準備してきただけに、そのあとは無気力で、何もできない。動けない……。喪失感と鬱の連続でありました。

それから、覚えていない日々を過ごしながら、ある日、ある声が聞こえたのです。
　たまに、夢に出てくるのですが、その声は、
「頑張れ、頑張れ、頑張れ」
というものでした。

　その後、いろんなことが起きましたが、ただただ、多くの人々に助けられました。
　そして多くの人に支えられて、この本の出版を実現することができました。

　今まで生きてきて、ここまで人から支援され、協力していただいたことはありませんでしたが、人がこれほど温かい存在だということに改めて気づかされました。支えてくださったみなさんに心から感謝したいと思います。

　この書籍を、亡き、最愛なる息子、澤 康一に捧げる。

澤 佐和子

参考文献

石黒昭博『総合英語Forest 7th Edition』(桐原書店)
宮野智靖、ミゲル・E・コーティ『すぐに使える英会話』(ジェイ・リサーチ出版)
スティーブ・ソレイシィ、ロビン・ソレイシィ『英会話ペラペラビジネス100』(アルク)
岡田兵吾『非ネイティブエリート最強英語フレーズ550』(ダイヤモンド社)
晴山陽一『ポケット版 たった60単語の英文法』(青春出版社)
デイビッド・セイン『ネイティブに伝わるビジネス英語700』(アスコム)
Raymond Murphy『マーフィーのケンブリッジ英文法(初級編)』第3版(Cambridge University Press)

御協力、御支援、御声援いただいた方々として
(順不同、敬称略)

山田長司、矢島正章、渡邉あかね、東龍治、橋場健、前川秀和、菊池健二、菊池裕子、井田孝、加藤寛子、森薗公子、田辺和也、井田善洋、峯岸孝浩、成山由紀、新道美緒、大串美佐子、日野真弓、藤ヶ崎銀、高田真之、白琳、鈴木ひろみ、吉良淳、長谷川多佳子、本田達、本田優子、柳川由香子、越口一敏、吉田靖、相澤喜代美、上野直俊、中澤みのり、堀川大地、宮下みゆき、佐々木琢充、小林史弥、桑原美幸、飯岡健人、青木春枝、平田暁子、東聡子、大岩麻里、宮本清香、木下弘美、乗池千絵、福永康紀、藤嵜大輔、小林頼幸、鈴木由美、庄原征志、丹尾宏司

かけがえのない永遠の家族

澤康一、澤伸哉

推薦

ロバート・G.アレン

ニューヨークタイムズ紙No.1ベストセラー作家。米国ビジネス界の権威。不動産・財テク・IT・情報・起業のプロ。わずかな元手で莫大な不動産を手に入れ、その優れたノウハウを人々に提供。「ほとんど頭金なしで始める不動産購入の方法」は大評判となり人材育成企業とライセンス契約締結。『Nothing Down』は不動産投資関連として史上最も売れた本となり、『Creating Wealth』もベストセラー第1位に輝き、世界で富構築手法の講座を開催。
ラリー・キング・ライブやグッド・モーニング・アメリカ等、多数のラジオ、TV番組に出演。ウォールストリートジャーナルやバロンズ、パレード、ピープル、リーダーズ・ダイジェスト等でも特集される。
日本での活動として、世界3000万部発売の金持ち父さんシリーズの著者ロバート・キヨサキ氏とともに、幕張メッセにてアジア最大級1万人World Business Expo 2018で講演を行なう。日本語による翻訳書に『日本人のためのお金の増やし方大全』『幸せをつかむ「4つの地図」の歩き方』(ともにフォレスト出版)がある。

監修

稲村 徹也 （いなむら・てつや）

ウェーブリンク株式会社・代表取締役社長　石川県金沢市出身。2000年続く、能登比咩神社の末裔。複数収入・権利収入・副業収入構築モデル(Multiple Streams of Income)権威。経営コンサルタント、投資家、人材教育業、建設業、不動産業、コンテンツプロデューサー等、複数の会社を経営。ベストセラー作家としても活躍し、著書に『世界の超一流から教えてもらった「億万長者」思考』（日本実業出版社）、『富や名声なんて何度でも手にできる！逆境の成功哲学』（小社）、などがある。

英語監修

ディヴット・ハント

イギリス出身。ケンブリッジ大学卒業後、アメリカのペンシルバニア大学で17世紀イギリスの政治論について研究。その後、イギリスのマンチェスターで高等教育に15年関わる。2011年に来日後は、英会話講師として、あらゆるレベルの生徒の英語指導に携わる。

監修協力

濱田 真由美 （はらだ・まゆみ）

流通科学大学准教授。著者。翻訳者。研究分野は英語教育、ポジティブ心理学。ジョセフ・マーフィーの本で潜在意識の法則を知ったことにより「意識」が人生のテーマとなる。
2015年、ディーパック・チョプラ博士から意識について学んだあと、「心の内側で静かに始まる意識革命によって実現する世界平和」に向け、人生において望む「世界」をどう創造していくのかを、授業やワークショップ、書籍などを通じて伝えている。心理学・脳科学に基づいた自己実現法を英語教育に組み込んだ内容言語統合型学習（CLIL）を提唱し、大学では英語学習意欲の向上に加えて、潜在意識を活用することにより、夢を描く力や自己肯定感、幸福感を高める授業に取り組んでいる。
著書に『Grammar Network:Student Book～コミュニケーションにリンクする英文法』（センゲージラーニング）、『ENGLISH GRAMMAR IN FOCUS～映画「ノッティングヒルの恋人」で学ぶ会話英文法』『Roman Holiday Student Book～映画「ローマの休日」で学ぶ日常で使える英語表現』（マクミラン・ランゲージハウス）、『未来先取り日記』（大和出版）、『科学で解明！ 引き寄せ実験集』（BABジャパン）など多数（紹介書籍は、すべて共著）。訳書には『チョプラ博士のリーダーシップ7つの法則』（大和出版）、『コモエスタ・ニッポン！』（宝島社）、絵本『ピンクのドラゴン』（きれい・ねっと）などの翻訳、監修にかかわり、現在に至る。

北浜 裕珠 （きたはま・ゆみ）

兵庫県西宮市出身、シンガポール在住。小林聖心女子学院小中高等学校、神戸女学院大学文学部英文学科卒。小学校の卒業論文に書いた将来の夢は「通訳かレポーター」。一貫して女子校に通い、もともと人見知りで内向的な性格を克服し、大好きな海外で夢を叶える。大学を卒業して入社した日系企業よりシンガポールに駐在したのをきっかけに、マイクロソフト、SAPで財務会計を担当。人生の転機にコーチングに出会い、「無限の可能性を拓く」をモットーに、NLP、EQ、成功哲学を取り入れて、グローバルリーダーシップコーチ、同時通訳、海外進出コンサルタントとして、様々な国籍の数多くの経営者やリーダーの人生の変容に携わる。アンソニー・ロビンズ氏、ロバート・G.アレン氏、ロバート・キヨサキ氏の同時通訳を務め、15カ国を対象にした「アジアズゴットタレント」ではキャスティングプロデューサーに抜擢される。

著者　**澤 佐和子**（さわ・さわこ）

鹿児島市出身。明星大学教育学部卒。鹿児島大学で英文学、沖縄キリスト教大学で聖書と通訳技術を習得する。9歳で英語に出合い、独学を始めるが挫折。ある勉強法により、高校2年の時JAPAN TIMES主催の英語朗読コンクールで入賞。その後、ダイアナ妃、マザー・テレサなど数多くの世界のリーダーたちのスピーチや会話、身振り手振りなどを研究。それを元に独自の英語速習法（SPEED ENGLISH）を編み出し、現在はセミナー講師としても活躍。受講生からは「すごくわかりやすい」「ペラペラ英語が話せるようになった」と定評がある。会議通訳の第一人者、井上義則氏に師事し、通訳技術を習得。ベストセラー作家、ロバート・G.アレン氏のミリオネアクラブ専属通訳でもある。高校英語教諭一種免許。TESOL資格保有。英検1級。TOEIC950点。

編集協力／倉林秀光
装幀・本文デザイン／吉村朋子　イラスト／村山宇希

日本語脳でも大丈夫！英語が3秒で出てくる本

2021年11月24日　第1刷発行

著者	澤 佐和子
監修	稲村 徹也
英語監修	ディヴット・ハント
発行者	徳留 慶太郎
発行所	株式会社すばる舎
	〒170-0013　東京都豊島区東池袋3-9-7　東池袋織本ビル
	TEL　03-3981-8651（代表）
	03-3981-0767（営業部直通）
	FAX　03-3981-8638
	URL　http://www.subarusya.jp/
印刷	株式会社 光邦